主題之旅 110

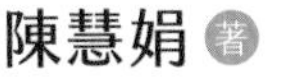

陳慧娟 著

沙漠國家探索之旅

摩洛哥・埃及・約旦

Morocco *Egypt* *Jordan*

編輯室提醒

出發前，請記得利用書上提供的Data再一次確認

每一個城市都是有生命的，會隨著時間不斷成長，「改變」於是成為不可避免的常態，雖然本書的作者與編輯已經盡力，讓書中呈現最新最完整的資訊，但是，我們仍要提醒本書的讀者，必要的時候，請多利用書中的電話，再次確認相關訊息。

旅遊安全需多留意時事報導

基於旅遊安全考量，本書特地為大家舉薦了摩洛哥、埃及和約旦這三個國家。它們是目前在北非及中東世界裡最能讓人安心去玩的地方。這三個國家的軍警都十分專業，出入境檢查也很嚴格，讀者要多加配合。然而當地的國家安防，需隨時留意時事報導，並遵守基本的「旅遊安全守則」，心裡常存有「危機意識」，也無須讓媒體的報導嚇得裹足不前。在世界任何地方旅行，特別是政府列為「橙色／紅色地區」的國家，旅行計畫皆需要謹慎考慮。

新版與舊版

太雅旅遊書中銷售穩定的書籍，會不斷再版，並利用再版時做修訂工作。通常修訂時，還會新增餐廳、店家，重新製作專題，所以舊版的經典之作，可能會縮小版面，或是僅以情報簡短附錄。不論我們作何改變，一定考量讀者的利益。

票價震盪現象

越受歡迎的觀光城市，參觀門票和交通票券的價格，越容易調漲，但是調幅不大(例如倫敦)，若出現跟書中的價格有微小差距，請以平常心接受。

謝謝眾多讀者的來信

過去太雅旅遊書，透過非常多讀者的來信，得知更多的資訊，甚至幫忙修訂，非常感謝你們幫忙的熱心與愛好旅遊的熱情。歡迎讀者將你所知道的變動後訊息，善用我們提供的「線上讀者情報上傳表單」或是直接寫信來taiya@morningstar.com.tw，讓華文旅遊者在世界成為彼此的幫助。

太雅旅行作家俱樂部

CONTENTS

176 約旦

【沙漠中的難忘經驗】

難以掌握的大漠氣候，分享寶貴的經驗談～

地圖目錄

沙漠行旅手札

深入當地的遊記短文～

作者序

到沙漠尋找一口井

安東尼・聖艾修伯里(Antoine de Saint-Exupéry)的著作
《小王子》(Le Petit Prince)裡有這樣一段話：
「沙漠很美。」
小王子說：「沙漠如此美麗，
正因為它在某個角落藏有一口水井……」

原文是：
「Le désert est beau.」
「Ce qui embellit le désert , dit le petit prince, c'est qu'il cache un puits quelque part…… 」

在國外，某個極地探險雜誌曾做過這麼一個調查。他們詢問幾位著名的探險家，想知道他們這一生最愛的是高山、海洋，還是沙漠？結果，半數的探險家說他們最喜愛的是沙漠。

這個問話好比是在說：您是仁者樂山，還是智者樂水？只是中國人的概念中竟然沒有「樂沙漠」這個詞。

關於作者

陳慧娟

在美國讀完社會學碩士，因緣際會，曾經旅居過馬來西亞、香港和紐西蘭。如今以台灣和紐西蘭為家。

足跡橫跨5大洲，曾遊歷過數十國。只是，志向不是玩遍全世界，而是深入異地去旅遊與學習。

基於自己本身所學訓練，加上從小就喜歡地理，喜愛到世界偏僻角落驗證地理課本上的知識，特別是去沙漠國家漫遊，因此長期吸收、分析沙漠國家／民族、當地信仰及風俗習慣的資訊，並與

沙漠環境險惡，沙漠風景絕美，沙漠裡有人類靈魂渴望的孤寂與空靈。幾個宗教的始祖都來自沙漠，許多哲學家也喜歡在沙漠中冥想靜修。而住在海島的我們，向來對沙漠常存有誤解與幻想。

我有幸數度拜訪撒哈拉大沙漠，包括西邊的摩洛哥領域，以及東邊的埃及。除了豔陽刺目的沙漠之外，我也經歷過沙漠的暴洪與風沙塵暴。

後來，因為懷念「阿拉伯的勞倫斯」，去了約旦。我看見，世人對粉紅色的佩特拉趨之若鶩，可惜大都忽略了瓦地倫和阿茲拉克城堡也是重要的史蹟。

我的慢遊生活方式帶我走進了沙漠邊城。我不願將自己定位成遊客，而是用一個社會學者的眼光去觀察和記錄這些社群的民情風俗。我憂心「沙漠化」的破壞，也想瞭解石油利益對沙漠古文明國所造成的影響。昔日駱駝商隊走的「絲路」為何不再安全，游牧民族一旦現代化了，腦子裡都在想些什麼？

這本書不僅提供您旅遊資訊，還引導您深入去體驗沙漠的生活。期待在閱讀此書之後，您能在瑣碎的日子中找到沙漠裡的那口井，也覺得沙漠是個有趣的地方。

去過該地旅行的人交換心得。除了本書介紹的沙漠之外，還曾到過：美國的索諾蘭沙漠(Sonoran Desert)、中國的塔克拉瑪干沙漠(Taklamakan Desert)、塔爾沙漠(Thar Desert)所在的拉加斯坦、南美洲的阿塔卡瑪沙漠(Atacama Desert)等。

譯著有《社會問題導論》及《阿羅漢今世》，生活及旅遊記事則經常刊載在國內外的報章雜誌。

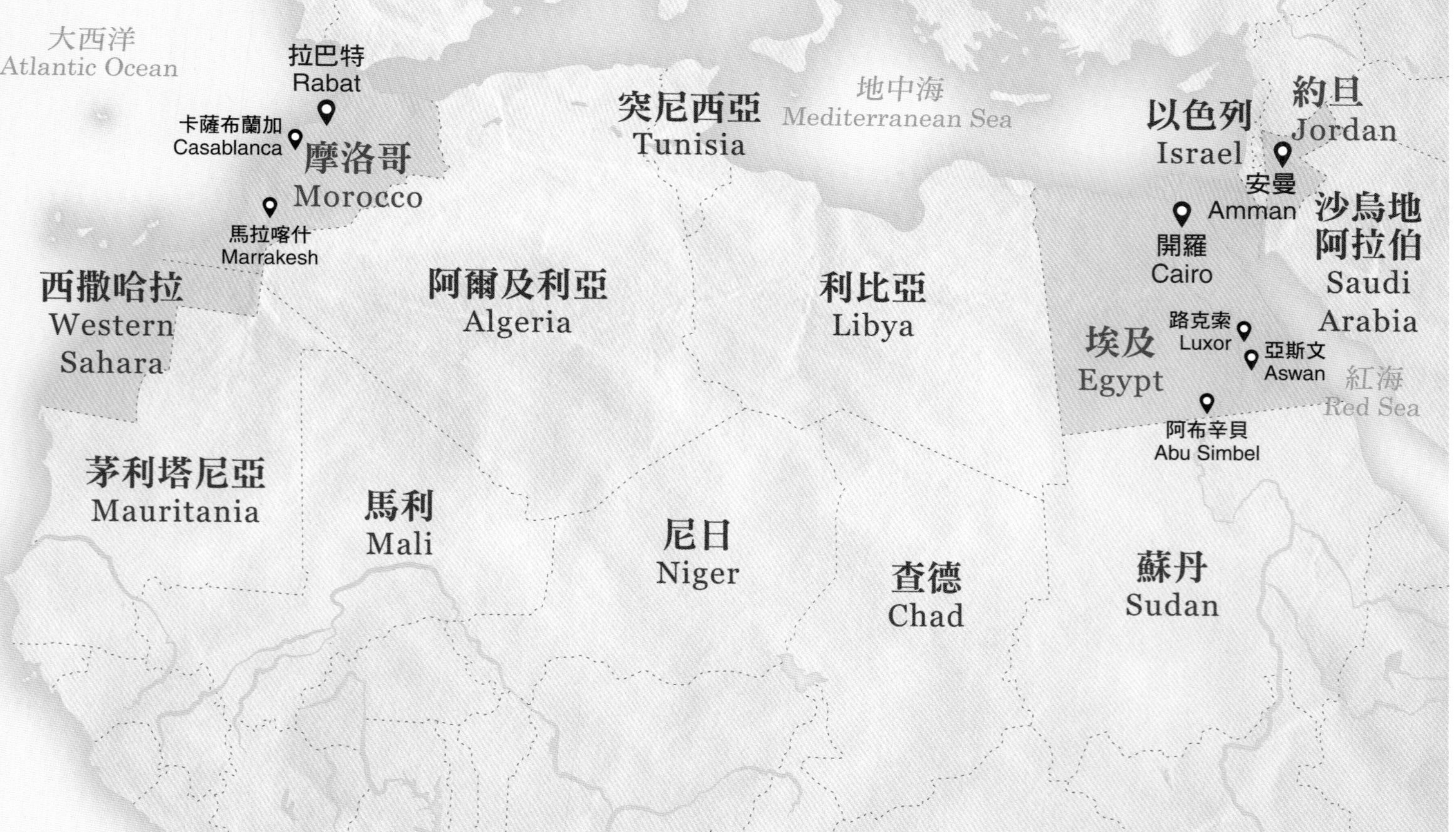

大西洋
Atlantic Ocean
拉巴特
Rabat
卡薩布蘭加
Casablanca
摩洛哥
Morocco
馬拉喀什
Marrakesh
突尼西亞
Tunisia
地中海
Mediterranean Sea
以色列
Israel
約旦
Jordan
安曼
Amman
開羅
Cairo
沙烏地
阿拉伯
Saudi
Arabia
西撒哈拉
Western
Sahara
阿爾及利亞
Algeria
利比亞
Libya
埃及
Egypt
路克索
Luxor
亞斯文
Aswan
紅海
Red Sea
阿布辛貝
Abu Simbel
茅利塔尼亞
Mauritania
馬利
Mali
尼日
Niger
查德
Chad
蘇丹
Sudan
大西洋
Atlantic Ocean
幾內亞灣
Gulf of Guinea
維多利亞湖
Lake Victoria

摩洛哥、埃及、約旦相對位置圖

北冰洋
Arctic Ocean

土耳其斯坦沙漠
Turkestan Desert

阿拉伯沙漠
Arabian Desert

戈壁沙漠&塔克拉瑪干沙漠
Gobi&Taklamakan Desert

美國索諾蘭沙漠
Sonoran Desert

大西洋
Atlantic Ocean

撒哈拉沙漠
Sahara Desert

印度塔爾沙漠
Thar Desert

太平洋
Pacific Ocean

太平洋
Pacific Ocean

祕魯阿塔卡瑪沙漠
Atacama Desert

印度洋
Indian Ocean

澳大利亞沙漠
Australian Desert

喀拉哈利沙漠
Kalahari Desert

納米比亞沙漠
Namib Desert

南冰洋
Antarctic Ocean

世界主要沙漠分布圖

沙漠的迷人幻彩

Enchanting desert with magic colors.

綺麗的沙漠世界

與其他地理景觀相比，沙漠是得天獨厚的。在沙漠，可以說日日都是豔陽明朗的大晴天。由於視線極少有阻隔，一整片的天空就任由光線在它的畫布上揮灑繽紛的色彩。這裡的藍天是清澄透澈的藍，仔細看，藍中竟帶有蛋白石的光澤。一到黃昏，華麗的夕陽在西邊上演大自然最精采的秀。夜裡，萬里蒼穹換成璀璨的星子，閃閃發亮，低得似乎伸手可擷。也難怪有些人會有「摘星」的念頭呢！

沙漠大地看似平凡，卻不時帶給我們驚喜。一場春雨過後，綠芽迅速從沙石隙縫蹦出。不久奇蹟便出現了，一瞬間，礫漠裡就遍開著奼紫嫣紅的野花。不少園藝的花種皆是來自南非沙漠的野花，如帝王花、百子蓮和火炬百合等不勝繁數。除了美得空靈的大漠風景之外，舉凡沙漠民族的服裝飲食、沙漠人的語言與文化，他們的音樂藝術和建築，全都帶著獨特的魅力。

1

2

1.蜜黃色的沙漠風信子，如雨後春筍般盛放／**2.**歇比沙丘在夕陽餘輝下呈杏紅色／**3.**撒哈拉的天空，藍得透澈，美得不真實／**4.**晨光中的沙丘，不斷變幻色彩

很多人看過沙丘上騎駱駝這種浪漫的畫面，但是要如何做，才能達成這樣的夢想？無邊無際的沙海，神祕、美麗，而且有些駭人。有水、有綠洲的沙漠就存在著生命，無水的沙漠可以致命。

其實，沙漠也可以很溫柔，只要行前做好完善的準備，一樣可以放開胸懷去嘗試、體驗沙漠。現在，就讓我們一起去探索綺麗的沙漠世界吧！

3

何謂沙漠？

年雨量少於250公釐的地方就可以稱之為沙漠。

Desert一詞是從埃及語演變而來的，意即荒蕪或廢棄的地方。而蒙古語裡所謂的「戈壁」(Gobi)，講的就是「無水、乾旱的地方」。

我們居住的這個地球，2/3是海洋，剩下的陸地中，其總面積的1/3都可以劃分定義為沙漠。比如說：撒哈拉沙漠、納米比亞沙漠、喀拉哈里沙漠、阿拉伯沙漠、塔爾沙漠、土耳其斯坦沙漠、戈壁沙漠、塔克拉瑪干沙漠、美國索諾蘭沙漠和澳大利亞沙漠。實在難以想像吧！世界上竟然會有這麼多讓我們感到陌生的沙漠！

在沙漠裡，僅1/5的面積是為沙子所覆蓋的。大部分的沙漠其實都是由岩石、礫漠、旱谷和鹽湖所組成。

沙漠的形成

我們以撒哈拉沙漠為例子來說明吧！撒哈拉白天炎熱，人類曾經在利比亞的Al-Aziziyah測到攝氏58度的高溫；撒哈拉夜晚寒冷，氣溫可降到攝氏零下5度。這裡的氣候乾燥酷熱，相當極端。

而且，撒哈拉乾旱異常，它的乾燥指數高達200。

早在200萬年前，撒哈拉的中心地帶出現火山活動，進而形成今日的玄武岩地形。在這個中心地帶，日夜溫差將近攝氏50度。日以繼夜，巨大的溫差加上風化，玄武岩方山便逐漸傾塌，進而粉碎成為沙粒。

沙漠的面貌多樣

因著風化過程的不同，沙漠會以不同面貌來呈現，即：平頂山(Mesa)、礫漠(Reg)、石漠(Hamada)、硬殼軟沙(Fechefeche，即外殼的沙硬、內部的沙質

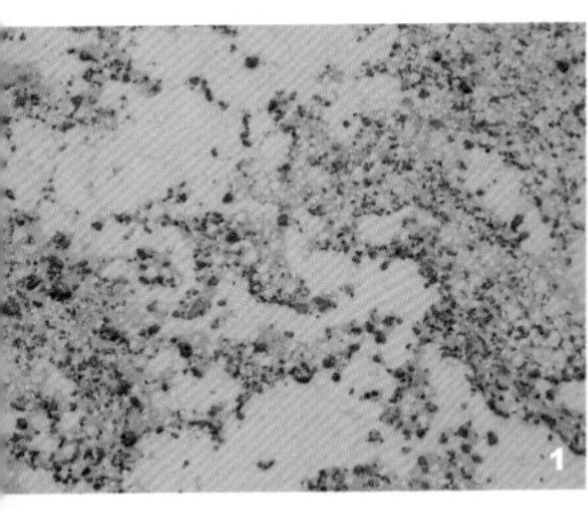

1.埃及白沙漠的沙子，黑沙是火山岩碎粒／2.碎石歷經風化過程，就變成細沙／3.埃及的黑沙漠，地表是黑色的火山熔岩

軟)、沙丘(Erg，也可譯為沙丘山脊，廣闊的沙地)和鹽盤、鹽湖(Playa Lake)等。

沙丘形狀，愛玩大「風」吹

除了溫差，促成沙漠的另一個原因是風。

風的力量絕不容小覷。愛變臉的沙丘因著風吹的方向而異，共可分為3種類型，即：橫沙丘、縱沙丘和彎月沙丘。

在摩洛哥，從西邊大西洋吹來的風叫Ashari，從東邊阿爾及利亞吹來的風叫Shergi。Shergi也就是柏柏爾人所說的「大漠風」，它正是促成沙丘的推手。

舉例來說，如摩洛哥的歐比沙丘，它高200多公尺，長100多公里。風過留痕，這個沙丘群就像桌上擺著一個獨立模型，人們可以繞著它360度旋轉，也能開車到「沙丘的後面」去探訪。

在漠地裡，沙子塵土經常會被捲入迴旋直上的氣流柱，我們稱這種風為「塵捲風」。塵捲風總是在盆地或山谷的碗形處盤旋不去，進而形成了這類型的沙丘。根據當地人的看法，大型沙丘幾乎是固定的，而附近的小沙丘，形狀大小則不停的在變動。

沙漠小知識

沙粒為何有不同的顏色？

因為沙粒中大都含有石英結晶，上頭或許粘附其他的金屬元素，如鐵或鉀。含有鐵成分的沙粒呈粉紅色。

沙暴中的寧靜之國

1.摩洛哥國旗在圓環正中隨風飄揚／2.金字塔是遊客心目中的埃及

自從2010年「阿拉伯之春」(Arab Spring)開始蔓延起，今日的阿拉伯世界便處處籠罩在激進組織的暴力陰影之下。然而，這場「政治沙暴」中還有幾個寧靜的小角落，它們就是：摩洛哥、埃及和約旦。

摩洛哥

撒哈拉威解放陣線(Polisario Front)的抗爭，曾造成摩洛哥政局不安，然而在摩洛哥政府的高壓控制之下，如今西撒哈拉地帶已漸趨平靜。遊客若遵守基本的「旅遊安全守則」，摩洛哥的歐比沙海和奇加加沙海，將是前進沙漠的最佳選擇。

沙漠小知識

引爆民主運動的「阿拉伯之春」

自2010年12月起，不少阿拉伯國家爆發了一連串的民主運動。他們推翻了幾個專制政權，如埃及的穆巴拉克，還有利比亞的格達菲。西方媒體稱這股社會改變的趨勢為「阿拉伯之春」。

埃及

埃及曾經歷過一連串的革命，鬥垮了穆巴拉克(Mubarak)和穆爾西(Morsi)，最後換上了塞西(Sisi)。如今，抗爭的學生已返回課堂，埃及的政治照樣獨裁，經濟照樣蕭條。

開羅雖有滿街跑的騙子，吉薩金字塔群還被背包客列為「一級戰區」，然而這些都算是小困擾。到埃及旅遊，只要心裡常存有「危機意識」，這個有7000多年歷史的文明古國，還是值得我們冒個小險。

約旦

約旦的遠親近鄰都有戰爭的憂慮，但是約旦的政治手腕圓滑，背後還有沙烏地阿拉伯這位老大哥撐腰。在約旦旅行，感覺比在埃及安全許多。這裡到處是軍警，他們有先進完善的裝備與訓練。即使檢查再嚴格，也是專業得令人很放心。

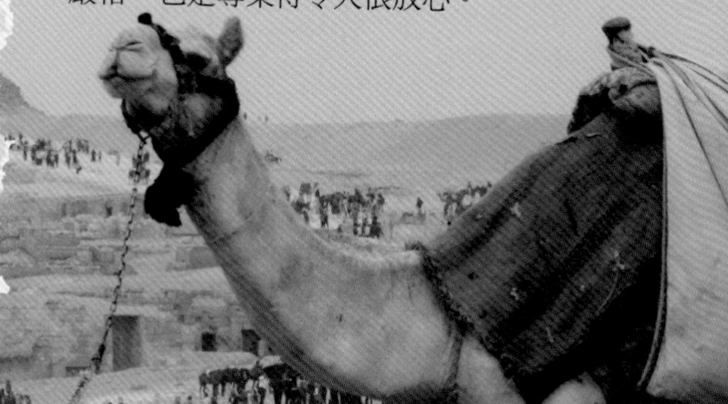

沙漠求生術

沙漠美麗，但也可以致命。到沙漠旅行，若要能愉快的欣賞沙漠美景，還能安全的回到綠洲，需要注意下面事項。

交通工具與生存三要素

首先，必須要有可靠的交通工具。如四輪傳動車、駱駝和可以信任的嚮導。而且請記住，空氣、水、食物，人要活下去，絕對不能缺少這些東西！

迷路時善用工具

要知道自己的方位，需要有一張詳盡的當地地圖，而且最好能標出水井所在。此外，必須懂得看指南針或羅盤，並且會配合地圖來使用。

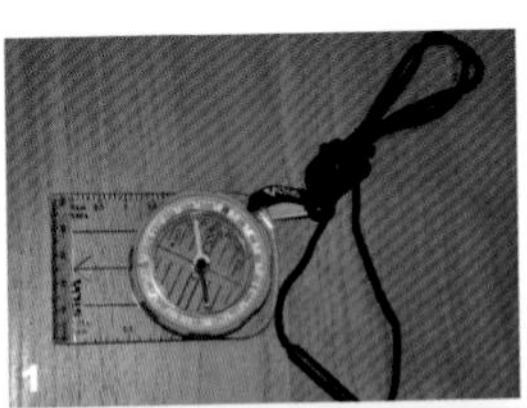

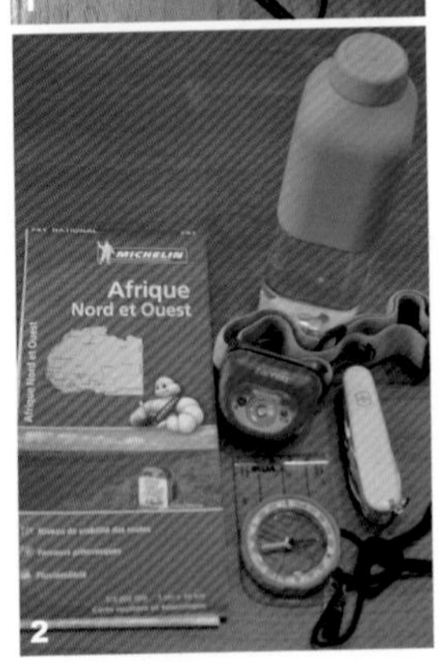

在沙漠中遇上沙暴很尋常。當然，在接收得到GPS訊號的地方，這類通訊設備當然就會有所助益。碰到沙暴，要躲在車或駱駝身側，不要亂走。但是千萬不要躲在沙丘的背風處，因為沙子有可能崩塌。用頭巾或手帕捂住口鼻，穿著要溫暖，因為沙暴的風很冷。

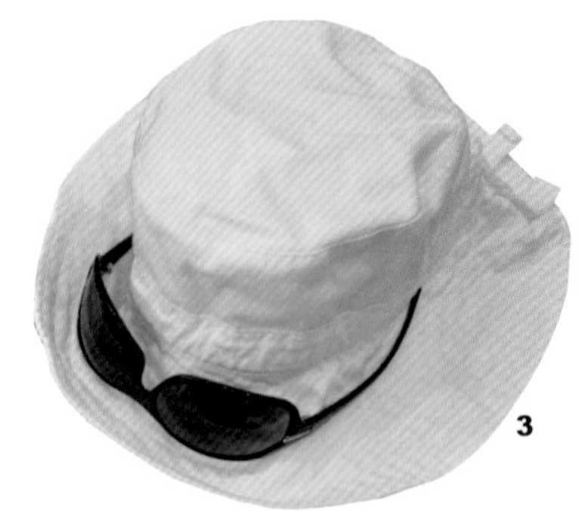

1.沒有GPS訊號處，最好能懂得讀指南針／**2.**在沙漠有大太陽，缺水和迷路都可能致命／**3.**戴帽子，喝足夠的水，避免中暑

避免中暑缺水

要戴帽子或頭巾，避免在太陽最炙烈時趕路，盡可能在清晨或夜間行走。中暑的症狀是：尿液變深黃、無力噁心、頭暈或頭痛。此時必須馬上尋找陰涼處休息，並且補充水分。

防止毒蛇、毒蠍咬傷

穿一雙鞋筒高的好靴子，可以避免沙子滲入，也可避免被毒蛇或毒蠍咬傷。穿著衣褲或鞋子時，先抖一抖、檢查一下再穿。

恐怖份子

不要去危險區。遇事用智慧冷靜處理。

沙漠旅行前的充電課程

1.用數位相機記錄旅行，可上傳至網路分享／2.指南針、地圖和手電筒，這些都是基本的野外求生工具／3.懂當地語言，更能融入他們的生活

在前往沙漠國家旅行之前，我會給自己一年的籌畫時間。除了訂機位、旅館、聯絡當地導遊之外，以下的課程雖不是絕對必要，卻可以替你的信心加分。

緊急救護課程

部分社團組織、醫院和紅十字會皆有舉辦「急救訓練」課程。

懂得緊急救護(First Aids)的基本知識，不僅能夠助人，也可以助己。其實，緊急救護大都是普通常識。一般人若碰到緊急狀況，如火災或車禍，通常會嚇得不知所措。受過急救訓練的人，見到一大灘血時，會先深呼吸數到三，再冷靜處理；而平時或外出旅行時，對自身的健康情況和周遭的環境也比較會有警覺性。

數位相機操作

科技已進到數位時代，是考慮「相機轉型」的時候了。不像底片相機，數位攝影可以立即看到結果，若是照的不滿意也可以刪掉。

也有不少人喜歡將旅行拍攝的相片或影片，連結上傳至臉書，立即與親朋好友分享。手機固然方便，攝影品質仍有局限。再者，大部分的數位攝影機如今皆可以拍攝影片，聲色俱足，用來記錄自己的旅行實在樂趣無窮。

加強外語能力

住在北非和中東的沙漠民族，除了說自己的方言之外，因為可蘭經是用阿拉伯文字書寫的，所以阿拉伯語也是公用語言。到這些地區旅行，能用簡單的阿拉伯語向人問候，幾乎都可獲得真心熱情的接待。

英語國際通用，當然是必備語言。但是在法語系國家旅行，如摩洛哥，懂得簡單的法語會話和單字將會大有助益。

學習語言的訣竅在於多練習，尤其要提起勇氣和當地人多交談。

台灣許多機構都設有法語課程，可至各大城鄉的社區大學，或是中國文化大學的推廣教育部去學習。

野外求生基本知識

大部分的登山社和救難協會都有野外求生課程或者是訓練營。這些登山基本知識亦適用於沙漠的野外求生。

到沙漠旅行，面對的是炙熱的太陽、來去無常的沙暴，以及像缺水、迷路這種足以致命的因素。所以說，旅行前最好能多閱讀與沙漠相關的知識與報導。例如，在大漠間行駛，因為汽車車輪容易陷入鬆軟的沙堆，是故只能駕駛四輪傳動，並且行在沙地間的輪胎汽壓都必須降低到一定的程度。隨車也必須帶鏟子、繩索和長條鐵板等工具，以便將滯陷泥沙中的車子拯救出來。

功欲善其事，必先利其器。各種野外求生工具，如地圖或指南針，平日就要多研究，務求在緊急狀況時能熟練的迅速應用。

車輪容易陷入沙堆，是故輪胎必須減壓

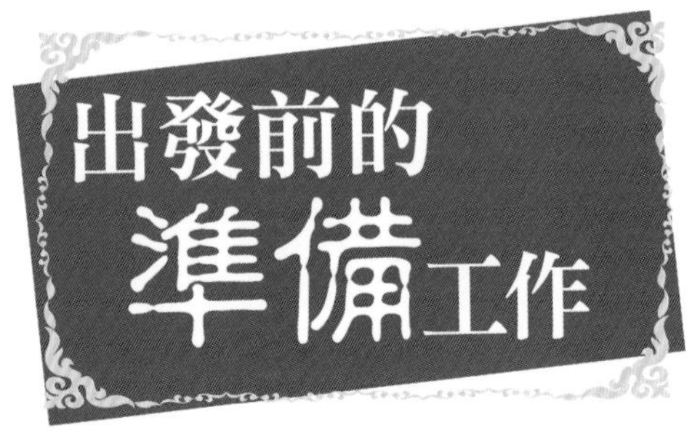

打包行李

經常旅行的人，相當注重他們攜帶的行李，每一件物品都必須「有利用價值」。如果是那種帶去帶回都沒有用到的「累贅」，下回旅行就要謹記教訓了。

到沙漠旅行，這種精簡的行李打包原則是不變的。

若有騎駱駝到營地過夜的行程，建議在大行李箱內裝一只帆布袋。帆布袋內可放一日一夜所需用品，其餘的行李寄放在旅館裡。雖然沒有硬性規定，原則上，考慮到駱駝的載重量，過夜用的帆布包盡量不要超過5公斤。

衣帽穿著與防曬用品

沙漠裡溫差變化大，到沙漠旅行時應該盡量採「洋蔥式」穿法。

T恤和長袖襯衫各帶2件，挑選通風又能排汗的材質。其中，灰色或卡其色最耐髒。當然，我也會帶上1件顏色鮮亮的上衣，好應付較正式的餐廳和場合。

沙漠入夜後，氣溫驟降，甚至可能在攝氏零下5度，故必須帶1件禦寒的大衣。

防曬的帽子最好有布簾垂下來好遮蓋頸項，透氣多功能的長褲最好長度足以蓋住靴履的上半部，以防止細沙滲入。

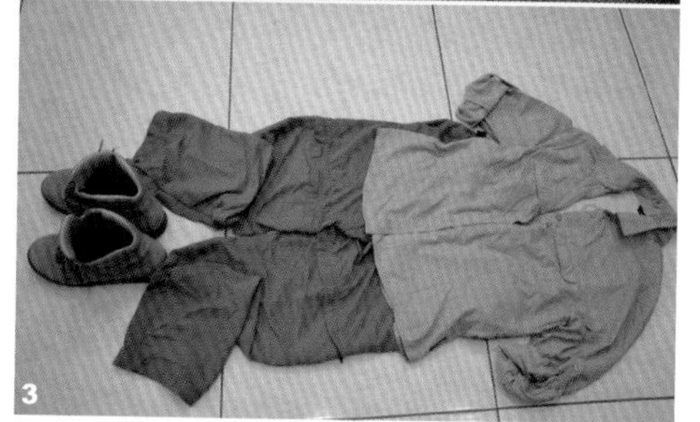

旅遊前4～6週施打疫苗

出門在外最怕生病，身體不適，再棒的行程也無福享受，實在太掃興了！

因此，出發前就要將身體保持在最佳的健康狀態。首先，建議在旅遊前的4～6週，提早到醫院進行旅遊門診諮詢。

在摩洛哥、埃及和約旦等區域，醫生大概會建議您打的疫苗有：A型及B型肝炎；流行性腦脊髓膜炎；白喉、百日咳和破傷風的三合一疫苗；以及傷寒疫苗。

此外，若是夏季前往尼羅河溼熱地區，要注意是否有瘧疾蚊蟲肆虐。如果有，則必須服瘧疾藥。還有，盡量避免前往「中東呼吸綜合症」疫區，避免接觸此區的駱駝，此病症目前尚無疫苗可注射。

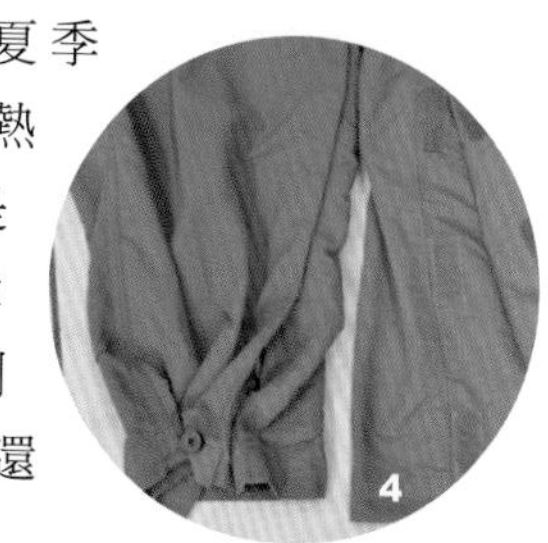

醫藥衛生保健

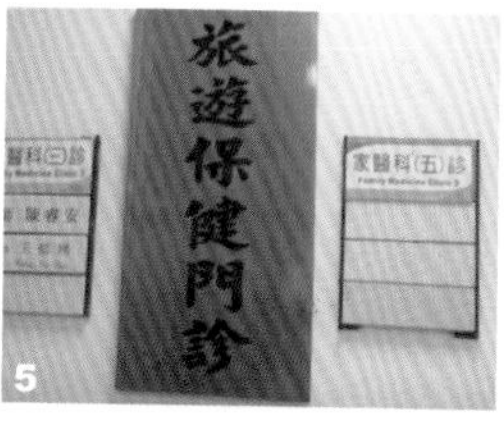

到摩洛哥和約旦旅遊，基本上沒有醫療資源的顧慮。在埃及則要多加小心，最好在國內就先買好醫療保險。

以我個人為例，會準備一個保鮮盒做的小藥箱，放有OK繃、眼藥水，防蚊膏、胃腸藥、感冒藥，和止痛藥。數量不必多，配合個人需求，主要功能是應急。

到了沙漠國家，除了防曬防沙塵的保養品之外，最重要的課題是飲水。飲用水最好是礦泉水或蒸餾水，連刷牙也建議不要用自來水，萬一不得已，生水一定要煮沸才飲用，因我們的免疫系統不習慣沙漠水質，生水裡若摻有微生物或細菌，很容易致病。

食物也一樣，盡量只吃熱煮過的熟食和帶果皮的水果。當然，偶爾我會冒個小險，在摩洛哥飲鮮搾柳橙汁，在埃及飲原汁原味的純甘蔗汁。

做好個人保健工作，將危害健康的變數減至最低，出門旅遊就可以放心暢懷。

1.在沙漠旅行，長頭巾既實用又帶民族風／**2.**到沙漠旅行，護膚防曬的工作很重要／**3.**到沙漠，衣物選通風又能排汗的材質／**4.**褲腳緊縮，長度足以蓋住靴履的上半部／**5.**出發之前，建議提早作旅遊門診諮詢

大漠瑰麗風情

Desert in magnificent style.

走進沙漠的生活民情

自古以來，書本媒體都告訴我們，貝都因人就是在沙丘上列隊騎著駱駝的民族。為了打破這個迷思，我們必須深入大漠，進到他們的黑帳篷，和他們飲茶吃飯，這樣才能真正認識沙漠人獨特的生活習俗。

沙漠人的住與綠洲建築

除了流動性的黑帳篷外，沙漠人若是選擇定居，他們大都會就地取材來建造房子，主要的建材如椰棗樹幹及葉柄、粘土和水。

首先他們會製作泥磚，先將粘土混合水，再加入剁碎的麥桿或蘆葦，用力攪拌後放入磚模裡。由於天氣熱，土磚塊很快就變得又乾又硬。砌磚蓋房的人先用土磚築起一道土牆，泥磚與泥磚間再用粘土緊密接合。這種土城牆十分堅固，在沙漠地區可以歷經時日也不倒塌。

因為沙漠區域極少落雨，他們對屋頂建造的防水要求並不像赤道區那麼嚴格。一般說，平頭式屋頂只是混合了數層的樹葉、樹柄和粘土就算數，房頂上還可以曬穀物、曬衣服。當然，講究些的人會在屋頂夾層中鋪上一兩層塑膠防水布。

2

1

基本上，綠洲建築的主要作用是在於擋掉艷陽烈日的照射，尋求蔽蔭涼爽。因此房間裡經常垂掛著厚重的窗簾，室內昏昏暗暗，有時還需點火燭照明。當然，厚窗簾的另一個作用是阻擋沙塵自窗隙吹入。

此外，綠洲裡通常會種植一片椰棗林。藉著樹蔭，居民在椰棗樹下方開闢果菜園。蠶豆、青豆、棉花、苜蓿等等，全都在樹下茂盛成長，水渠裡淙淙流著清澈的灌溉用水，這些都是走在綠洲裡常見的風景。

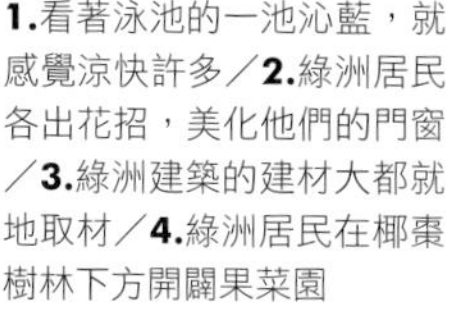

1.看著泳池的一池沁藍，就感覺涼快許多／**2.**綠洲居民各出花招，美化他們的門窗／**3.**綠洲建築的建材大都就地取材／**4.**綠洲居民在椰棗樹林下方開闢果菜園

3

4

認識沙漠民族

貝都因人(Bedouins)

「貝都因」是一個民族。他們屬於歐巴人種，大都長得高大碩長，輪廓深刻。

傳統的貝都因人依靠駱駝維生，他們飲駝奶、吃駱駝肉，連他們遮蔽陽光風沙的黑帳篷也是用駱駝毛和羊毛編織而成的。如今，大部分的貝都因人過著半游牧的生活，或者到城市裡去工作賺錢。

與貝都因人交往過的人，都能感受到貝都因人的熱情與好客。他們驍勇善戰，能吃苦耐勞。這些在勞倫斯(T.E.Lawrence)所著的《智慧七柱》(Seven Pillars of Wisdom)裡有諸多描述。

柏柏爾人(Berber)

柏柏爾人不是一個單一民族，而是一個統合族群，他們的共同語言是柏柏爾語。

這個族群的人主要居住在摩洛哥和阿爾及利亞，也有一部分的柏柏爾人住在利比亞和埃及的錫瓦綠洲一帶。在摩洛哥的柏柏爾人部落也包括了北部的里夫人和撒哈拉沙漠中的圖阿雷格人。

圖阿雷格人(Touareg)

圖阿雷格人在撒哈拉地區過著游牧生活，他們分布在北非摩洛哥、尼日、馬利及利比亞等國家。因遷移所需，國界對他們如同虛設。

圖阿雷格人又被稱為「沙漠裡的藍人」(Blue man of the desert)，這是因為他們喜歡穿戴靛藍色(Indigo Colour)的衣服和頭巾之故。久而久之，這些藍色素就將他們的皮膚滲染成靛藍色。

1.貝都因男人在拉傳統的單弦琴／**2.**我在菲斯的導遊尤瑟夫是摩洛哥的柏柏爾人／**3.**圖阿雷格人，有的纏藍色、有的纏黑色的頭巾

沙漠行旅手札

「藍人山寨」的浴室很華麗，但不是藍色

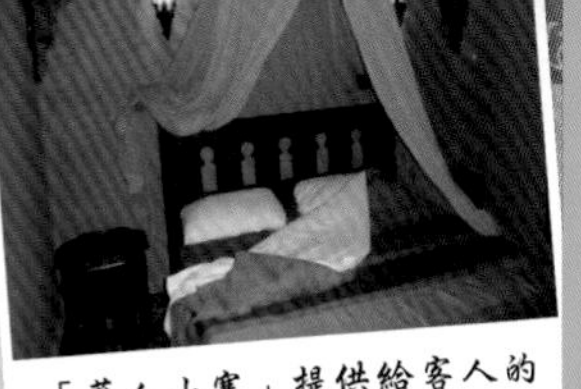

「藍人山寨」提供給客人的臥房

神祕的「藍人山寨」旅宿

原本我的沙漠行程裡並不包括有「藍人山寨」。然而，半路碰到了世紀的大暴洪，阻斷前方道路，我因禍得福在札哥哈(Zagora)的「藍人山寨」住宿了一晚。

「藍人山寨」，3層樓高，仿古的城牆與大門，大門上有銅鑰。

通往主屋有一條大約100公尺、鋪滿寶藍色拼花磁磚的幽徑。小徑旁種植著熱帶果樹及奇花異草。室內裝飾琳琅滿目，牆上還掛著10多幅圖阿雷格人的油畫。畫中的「藍人」，顏面包裹在頭巾裡，只露出歷盡風霜、銳利得近乎凶狠的眼睛。

這時，我背後突然傳來低沈厚實的男人聲音：「Welcome！」

我回頭，猛見到大通鋪上還坐著三個人和三隻貓，氣氛有點詭譎。說話的riad編注民宿男主人叫札瓦，長得濃眉大眼，粗獷又英俊。

女侍蘇卡娜手搭白毛巾，服侍我洗過手，準備用晚餐。札瓦則在一旁陪我閒聊，他的英語說得極好。但是，這個男人的言談舉止裡總帶著老闆的霸氣與強權。

「藍人山寨」的外觀像座小城堡

這頓晚餐，我足足吃了一個多鐘頭。

晚餐過後，燈火熄滅，整棟「山寨」便靜謐得宛如一座空城。整個氛圍好吊詭，原來riad裡只有我一個客人。

翌日，我驚見廚房裡有5個黑人婦女在工作，而這些黑人都只會講自己的土話，不懂英語或法語。

天哪！我突然領悟到一個事實。

雖然不合法，撒哈拉漠地(Maghreb)裡，富裕的圖阿雷格人至今仍然畜奴。難道那些黑人婦女就是札瓦的奴隸？而，札瓦就是這裡的山寨頭頭？

編注：riad 是摩洛哥民宿的一種，請見P.88～89

守當地禮節，不怕踩地雷

沙漠民族相當好客，與他們的相處之道不外乎「信任」二字。信任，要從「禮」做起，也就是遵從他們的禮法，避免觸犯他們的禁忌。

問候時男女各有禁忌

見面時，真誠的問候對方「Is salaam 'alaykum！」(願您平安) 或簡單的說「Salam！」(平安)是很基本的禮貌。

女子不必主動和男子握手。但是身為外國女人，若是對方伸出手來要握，也不必拒人於千里之外。除非是特例，男生最好不要問候或誇讚對方的女眷，因為在阿拉伯社會是一種禁忌。

飲食禁豬肉、酒、甲殼類海鮮

穆斯林國家的飲食中最忌諱豬肉和酒，所以要謹記不要去踩這塊地雷。此外，他們也不吃甲殼類或無鱗的海鮮。摩洛哥沿海

穆斯林吃的食物，商品上都有會HALAL的字樣可以認明

HALAL

1

尚有鮮蝦，但是螃蟹就很少見到。回教食物是Halal(阿拉伯語)，意即符合伊斯蘭教規的食物，簡單說就是清真食物。

穿著不宜太曝露

女性穿著不宜太過曝露或太惹眼。平時穿慣短褲的美眉，記得在阿拉伯國家露出大腿是會引來眾人的側目、辱罵，甚至會被丟石頭喔！

入內要脫鞋、交談要有耐心

進入帳篷或房間時記得要脫鞋。進清真寺，一定要脫鞋。

向摩洛哥人詢問事情，他們的回答大都是：「Inshallah！」Inshallah的字面意思是「安拉允許」(God willing)。講直白一點，也就是「天曉得！」所以說，與摩洛哥人交談要有耐心，因為又有誰知道未來事？

拍照須經同意

敏感地帶如軍營、崗哨、機場、港口等不要拍照，以免招來麻煩。在拍人像前，須獲得對方的同意。到古蹟或博物館，若不允許拍照或使用閃光燈，請遵守規定。

1. 尤瑟夫在沙漠中示範祈禱行禮／**2.**穆斯林吃的是Halal清真食物(圖片提供：永樂多斯)／**3.**在摩洛哥，不是穆斯林，不許進清真寺／**4.**清真食物大都貼有Halal標誌

沙漠人的特色穿著

沙漠白日酷熱，夜間嚴寒。為了適應極端的氣候，沙漠民族的衣服大都寬鬆通風，遮蓋身體四肢部位。男人頭上會纏頭巾，擋陽光也擋風沙。女人服飾較多變化，但是仍然注重舒適與實用。

男性頭上的長頭巾

北非或中東的阿拉伯人，甚至亞洲的印度人，都有戴頭巾的習俗。中東的阿拉伯人，他們頭上戴的是一塊白布或格子方布，上頭再圈以黑色頭箍。撒哈拉沙漠的游牧民族則只用一條長布，在頭上纏匝數圈。

這些頭巾的顏色、布料和繫法雖然大不相同，但是其主要功用不外乎是遮擋陽光和保護頭顱。

而在這些頭巾當中，圖阿雷格人的頭巾顯得格外醒目獨特。

圖阿雷格男人頭上纏紮的長頭巾(Tagelmust)通常是用靛青所染成的細棉布。靛青提煉自蓼藍或木藍植物，摩洛哥的木藍主要產地就在塔忽旦鎮(Taroudant)。

由於長期以靛藍色頭巾遮臉，藍色染料夾雜著汗水滲入了皮膚，圖阿雷格人因此也被稱為「沙漠中的藍人」。

圖阿雷格人的頭巾具有多重功能，平日除了當帽子用外，刮風時也可當面巾矇在臉上擋風沙。其他用途如禮拜時拿來當拜墊，出門可將之當作毛巾或包袱，甚至睡覺時也可以拿它來當被蓋。

頭巾一般長達5公尺，最長可達10多公尺。纏紮頭巾的方法是先將長布打個結，固定在頭額前，然後圈著頭纏繞。最後一截輕鬆的圍著脖子，風沙大時就拉起來蓋住口鼻。

圖阿雷格男人過了25歲就開始戴頭巾。根據他們的信仰，纏戴靛藍頭巾面紗可阻擋邪靈入侵。平時，圖阿雷格男人會紮別種顏色的頭巾，而將靛藍色那條留到特殊的場合。他們不喜歡將鼻子和嘴暴露在外，即使在女性家人面前也戴著頭巾，只有私密場合裡才會解下。

請注意，沙漠婦女不纏紮頭巾，只有遊客才會纏戴著好玩。

1.樂臣(Lahen)是圖阿雷格人，頭上纏著黑色頭巾／**2.**平日裡，圖阿雷格人的頭巾顏色繽紛／**3.**長絲巾顏色繽紛，質料是細棉紗

男女傳統服飾

男傳統服裝：巫師帽長罩衫

摩洛哥的傳統服裝德吉拉巴(Djellaba)是粗羊毛裁製、寬鬆通風又保暖的長罩衫，它最大的特色是後面那個連身尖頂篷帽(qob)，有人戲稱之為「巫師帽」。

別看它的怪樣子，這頂尖頂篷帽的功能可大了！平時可以蓋在頭上擋風沙、遮日曬。若是沒有上述作用時，也可以拿來裝麵包，當成口袋存放雜物。

如今，傳統的摩洛哥男人衣服通稱為「德吉拉巴」。住在亞特拉斯山的男人們，幾乎人人身上都穿著一襲粗羊毛、條紋樣式的德吉拉巴來禦寒。有趣的是，仔細看，那些穿棕色德吉拉巴的男子們可都是未婚的喔！

女傳統服裝，日常與宴會服大不同

「德吉拉巴」是北非人和薩赫勒(Sahel)地區人民的傳統服裝。它們的剪裁寬鬆，

像是長袖的直筒長衫。這種男女在日常生活穿的服裝通稱為「德吉拉巴」。

傳統的德吉拉巴，材質大都是本地產的粗羊毛。到了夏天，它們的質料則變成輕盈的棉織品或人造纖維。

女人的日常服裝也叫卡夫塔(kafta)，而女人的宴會華服則被稱為卡夫坦(kaftan)。「卡夫坦」女性華服通常是用真絲、綢緞、絲絨或織錦來縫製的，純手工，衣服上面還繡上金線或銀線，釘珠子或縫流蘇。

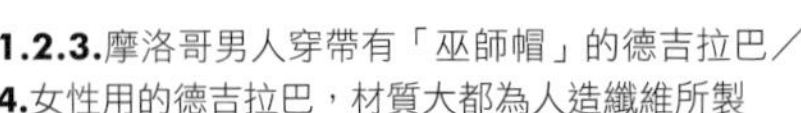

1.2.3.摩洛哥男人穿帶有「巫師帽」的德吉拉巴／**4.**女性用的德吉拉巴，材質大都為人造纖維所製

無跟式阿拉伯拖

阿拉伯拖鞋(阿拉伯語balghas，法語是babouches)，是一種無跟拖鞋，有人也叫它「摩洛哥拖鞋」。

摩洛哥拖鞋之所以盛行於阿拉伯世界，最主要的原因是方便。穆斯林信徒經常要進出清真寺去祈禱禮拜，這種拖鞋穿脫十分便利，怪不得它們會這麼受歡迎。

到摩洛哥旅行的人，看到貨架上那些五顏六色的拖鞋，經常愛不釋手，忍不住會買一雙回家去當紀念品。

摩洛哥人，不管男女，人人腳上都趿拉著這種拖鞋。平時是拖鞋，出外時將腳後跟拉起來，立即就是一雙正式的走路鞋。一鞋兩穿，真是實用。而摩洛哥拖鞋因為是貼合著人的腳形製作的，穿起來柔軟又舒適。它使用的材質主要是小羊皮，但是也有人拿綢緞來做鞋面，上頭還裝飾精巧的刺繡或流蘇穗子。

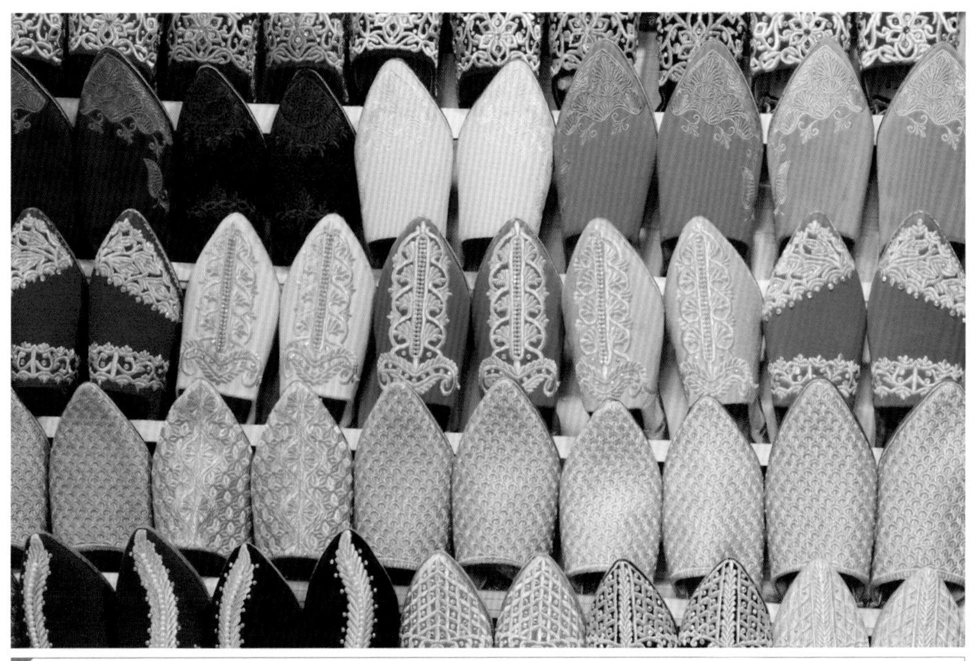

織繡金銀線的Cherbils絲絨拖鞋，用來搭配節慶衣裳

沙漠上空流動的音符

沙漠人豪放，他們有感而發時，最愛隨性的歌詠詩句。這些詩歌之中，並不是每一句都有我們所喜歡的旋律。然而，它們的字句卻能將游牧民族的生活環境以及情景作生動的描述。彈魯特琴和唱詩歌是沙漠人自娛娛人的生活方式。

貝都因人愛歌詠彈魯特琴

眾所周知，貝都因人擅長吟詠詩歌——塔古爾達(Al Taghrooda)。好比《智慧七柱》裡，「阿拉伯的勞倫斯」描繪豪威塔特族長「奧達」如何領導他們走過星月全無、黑暗又宛如迷宮的峽谷。奧達熟悉這裡的地形就像讀著自己的手掌，他騎駱駝走在最前面，一邊用3個重覆低音吟唱史詩。奧達的歌聲嘹亮的在山壁之間迴響，而勞倫斯和其他游擊隊員則緊追著他的聲音向前走，方才沒有迷路。

在貝都因人的黑色帳篷裡，替詠歌者伴奏的通常是一只雷琶(Rebab)。雷琶是魯特琴(Lute)的一種，和胡琴、琵琶、吉他等同屬弦樂器。傳統式雷琶是單弦樂器，琴弦大都是羊腸線或包鋼絲的羊腸線。

在約旦，貝都因人也用烏德琴(Oud)或魯特琴來演奏。不管是華麗的魯特琴或是古樸的雷琶，最重要還是唱詩歌的人，還有詩歌是否會引起聽者的共鳴。

沙漠小知識

「埃及之聲」：烏姆．庫勒蘇姆瘋迷沙漠界

烏姆．庫勒蘇姆(Oum Kathoum)的歌聲被稱為「埃及之聲」，她同時也是阿拉伯世界最著名的女歌手、女音樂家之一。

年輕時，烏姆．庫勒蘇姆妝扮成小男孩在小劇院裡演唱。後來，她認識了詩人阿邁德．拉米(Ahmed Rami)，拉米為她寫了137首歌。烏姆．庫勒蘇姆那幽怨哀切的歌聲，在魯特琴的伴奏之下，不知瘋迷了多少沙漠國家的子民。

烏姆．庫勒蘇姆獨特的歌謠演唱，雋永耐聽，至今仍然在中東和北非的大街小巷流傳著。

沉澱心靈的格納瓦音樂

格納瓦音樂(Gnawa)起源於西非。它原本是一種宗教儀式音樂，用意在於讓那些參與儀式的人得到心靈與身體的療癒。格納瓦音樂受到了伊斯蘭教蘇非派、西非的巫毒教(Voodoo)，以及對祖先與萬物神靈的崇拜等等之影響。音樂本身的功用在於「通靈」，而不是娛樂。

曾為黑奴的宗教儀式音樂

中世紀時，黑人奴隸被販賣到較富裕的撒哈拉國家，例如北非的摩洛哥。這些黑人有的來自尼日或馬利，也有一部分來自幾內亞灣的國家，但一般他們被通稱為蘇丹人(Sudani)。後來，黑人奴隸的後裔在馬格里布(Magreb)，也就是撒哈拉邊緣地區落地生根，定居了下來。為了適應艱困的沙漠生活，他們開始崇拜超自然，格納瓦音樂的里拉(Lila)儀式也應運而生。

格納瓦里拉儀式中使用的樂器有：類似啞鈴的平面金屬響板(Qarqaba)、三弦吉他樂器(Guembri)、一個雙面鼓、一個直立鼓和鈸。格納瓦音樂節奏分明，音律優美且充滿了神祕感。鐵板片「卡洽卡洽」，鼓聲震耳。演奏者一邊敲打，一邊歌唱和跳舞，舞者還一再的變換隊形。三弦吉他的琴弦所彈出的貝斯極為低沈，它配合著響板不停的重複，長時間的薰陶之下，人們的心靈也受音樂的引導而進入了恍惚的出神狀態，因此格納瓦音樂又被稱為「玄幻音樂」(trance music)。

格納瓦音樂與西方音樂結合創作

如今，格納瓦音樂不再局限於黑人奴隸的社團。這種充滿原始韻味的音樂也傳流到了街頭小巷，他們甚至對西方音樂造成不少影響。特別是爵士(Jazz)音樂家，他們喜歡與格納瓦音樂的演奏者一起創作和

1

表演。每年6月，摩洛哥有個「格納瓦音樂節」，這個年度盛典就在緊臨大西洋的索維拉(Essaouira)舉行。

表演格納瓦音樂的樂手被稱為「Gnawi」。我曾在梅祖卡的卡姆利亞村(Khamlia)欣賞格納瓦音樂，演奏者皆是頭裹白頭巾，身穿純白色長袍。而在馬拉喀什的德吉瑪廣場，演奏格納瓦音樂的街頭藝人則穿著繡花、色彩鮮豔的卡夫坦。他們跳舞時，頭上那頂鑲著貝殼的無邊帽，上頭的一條流蘇穗子會不斷的轉動，相當有趣。

藉由音樂與舞蹈的形式，格納瓦人達到出神的目的，進而驅邪靈與治人病。他們的行為曾被正統伊斯蘭教視為異端，而如今格納瓦音樂卻能盛行於全世界。這應該是眾人始料未及的吧！

1.2.敲大鼓的格納瓦音樂演奏者，邊唱邊跳／**3.4.**格納瓦音樂演奏者有的敲鼓敲鈸，有的彈琴，合音優美

蘇非信仰與音樂舞蹈

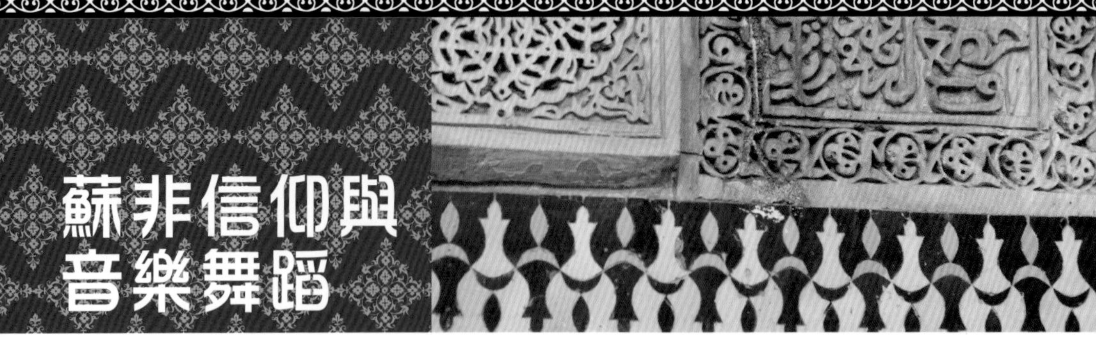

有人說伊斯蘭教是「沙漠」宗教，因為先知穆罕默德來自沙漠，信徒也大都是沙漠地區的居民。

伊斯蘭教裡有諸多教派，主要是遜尼派(Sunni)和什葉派(Shia)。其中，蘇非派(Sufism)又是遜尼派的一支。蘇非派又被稱為「神祕主義」教派，因為世人看到的通常是它的表面，卻無法瞭解它的信仰本質。

一般我們聽到蘇非派，總會聯想起在土耳其和非洲所看到的旋轉舞(Sufi Whirling Dervishes)。其實，旋轉舞只是蘇非行者修行的一種方式。這種舞蹈起源於十三世紀的蘇非學者魯米(Jalal al-Din Rumi)。修行者藉著旋轉身體進入冥想，進而獲得一種恍惚、狂喜、和出神的境界。而其終極目標是在尋求與真神合一的經驗。

西方社會稱蘇非派是「大眾的伊斯蘭」(Popular Islam)，因為蘇非派能深入民間、是一個本土化的伊斯蘭教派。有意思的是，蘇非派的信徒大都分布在沙漠地區，諸如中亞、土耳其、伊朗、西非、北非及黎凡特(Levant)等地。中國新疆是蘇非派的大本營。當地教團(brotherhood)在形式上不會對信徒有嚴厲的苛求。譬如說，新疆的信徒仍然可以過中國新年，也可以祭

1

祀祖先。

伊斯蘭教鼓勵教徒一生至少要去一趟麥加(Mecca)朝聖。然而對某些人而言，去麥加的路途遙遠，費用亦高昂。蘇非教徒則可以選擇到住家附近的聖墓去朝拜，等到有足夠的財力、物力時才啟程去麥加。

聖墓朝拜、對聖裔的尊崇，以及用舞蹈和音樂來修行，看似異端，然而蘇非主義卻因此能夠更自由地融入信徒的日常生活中。

近年來在國外旅行，面對的安全威脅大都來自北非和中東的恐怖組織。這些組織經常前進到沙漠裡去招兵買馬，他們獵人頭的對象就是那些貧窮失業、無所事事、激進衝動的年輕人。

為了制衡這股惡潮，摩洛哥政府祭出了新策略。他們不僅向蘇非教團尋求協助，甚至讓他們加盟政府。

就某方面而言，蘇非派堅持禁慾、守清規的思想顯得有些保守。然而，他們常以音樂、詩歌、和舞蹈來宣教，相當受年輕人歡迎。再者，

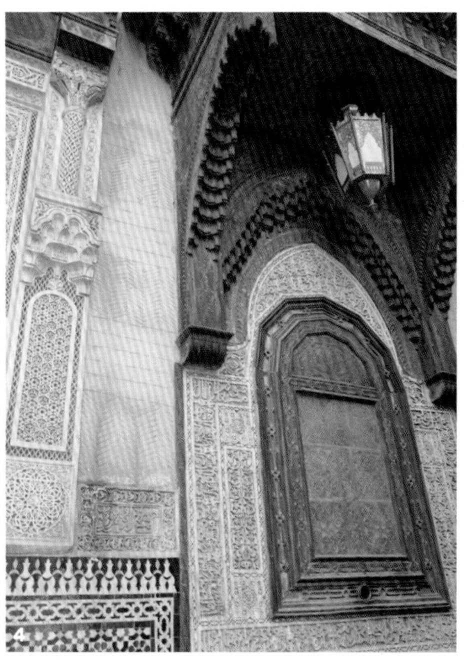

蘇非教派有緊密的人脈，他們關心教徒的生活，也注重聯繫，因此年輕人在團體內不會感到疏離。

如今，摩洛哥政府喊出新口號：「強壯清真寺(Zawiya)，削弱宗教極端主義！」連摩洛哥國王也支持蘇非派。他們聘請老師教導年輕人演奏蘇非音樂，每年還在菲斯舉辦「蘇非文化音樂節」(Fès Festival of Sufi Culture and Music)。

近年來，蘇非音樂更是與爵士樂融合在一起，形成風味獨特的流行音樂，這類音樂在馬格里布(Maghreb)相當盛行。

1.埃及的蘇非旋轉舞大都為觀光客表演用(圖片提供：i小v的世界拼圖/from PIXNET)／**2.**蘇非行者旋轉身體，為求與真神合一的經驗／**3.**蘇非旋轉舞是蘇非行者修行的一種方式(**2.3.**圖片提供：開始在土耳其自助旅行)／**4.**位於摩洛哥菲斯，蘇非清真寺提雅尼陵寢

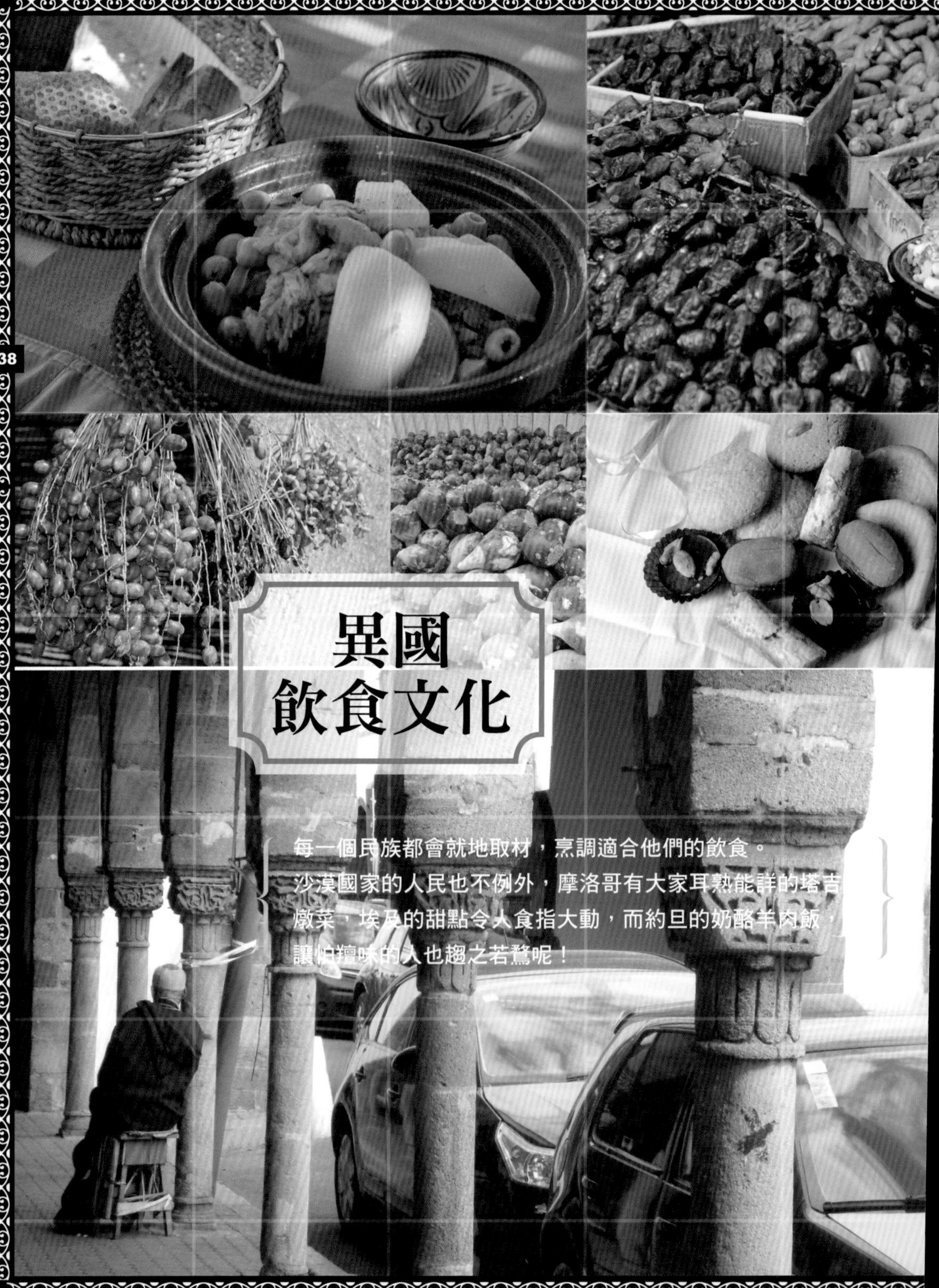

異國飲食文化

每一個民族都會就地取材，烹調適合他們的飲食。沙漠國家的人民也不例外，摩洛哥有大家耳熟能詳的塔吉燉菜，埃及的甜點令人食指大動，而約旦的奶酪羊肉飯，讓怕羶味的人也趨之若鶩呢！

到柏柏爾人的帳篷作客

喝茶是沙漠民族的生活日常，同時也是他們的社交方式。

居住在撒哈拉沙漠的柏柏爾游牧民族，至今仍沿襲著大漠人的好客傳統。凡是進到他們黑帳篷的人，不論對方是陌生旅人或者是親朋好友，全都是貴客，都會獲得最好的款待。

在黑帳篷裡，主人首先會邀請大家席地而坐，然後奉上3杯茶。而此時，若是能有阿拉伯小點心來搭配茶水則更加完美啊！

炎炎烈日，以茶會友

帳篷裡，客人面對著主人端坐地毯上，黑色帳幕遮蔽了炎炎烈日的烤曬。

開水煮沸了，圖阿雷格族主人將珠茶、薄荷葉和糖塊丟進茶壺裡。珠茶味濃苦澀，然而加入翠綠的薄荷葉和雪白的蔗糖之後，琥珀色的茶水裡便有了消暑滋味。因為穆斯林不飲酒，主人便以茶代酒，而客人至少要等到茶過三巡才可離席。

沙漠居民愛喝茶，他們喝的大都是來自浙江的平水珠茶。清代「五口通商」時，英法等國商人將中國茶介紹給歐洲家庭。後來茶文化流傳到阿拉伯地區，沙漠的居民也愛上了喝茶。

摩洛哥人在珠茶裡加入薄荷葉，並且加大量的糖。因為沙漠人多食羊肉及駱駝肉，少蔬果，薄荷茶不僅提供他們維他命C，還可以去脂去油膩、幫助消化。在大漠偏遠處，他們若沒有新鮮的薄荷葉，通常就地取材，在茶裡加入苦艾、鼠尾草或者馬鞭草來調配。

1.摩洛哥人比較喜歡喝薄荷茶／**2.**秋葵燉羊肉，一道埃及人常煮的家常菜／**3.**摩洛哥人喜歡親自做點心，與客人分享

體嘗在地，來塊傳統糕點

摩洛哥甜點的特色是麵餅裡摻有橘花水和蜂蜜。一口咬下，滿嘴芳香甜蜜。糕餅內的餡主要是杏仁粉(或碎粒)，此外也有椰棗餡、無花果餡、草莓蘋果巧克力及其他堅果類。

遊客到摩洛哥首都卡薩布蘭加，若是想品嘗傳統的摩洛哥糕點，應該到「哈布班尼斯糕餅店」(Pâtisserie Bennis Habous)去試試他們最拿手的招牌點心：羚羊角杏仁餡餅(Cornes de gazelle)。「哈布班尼斯糕餅店」位於Casa Voyageurs的哈布城區(Quartier Habous)，店面不大，卻用馬賽克磁磚裝飾得富麗堂皇。遠方遊客慕名前來購買羚羊角杏仁餡餅，除此之外，還可以在這家餅店買到糖霜椰棗捲和杏仁酥餅，架上陳列著各式各樣的點心，種類繁多。

如果你到摩洛哥的馬拉喀什，在德吉瑪廣場入口旁可以找到一家叫 Le Vortre 的糕餅店。他們以販賣「Petit Four」聞名。「Petit Four」法文直譯是「小烤箱」，實際意思是「迷你可愛的小點心」。「Petit Four」大概可分成三類型：「乾花色小點心」(Petits Fours Sec)，如餅乾、馬卡龍、酥餅之類；另一種叫「冰花小點心」(Petits Fours Glacé)，即覆蓋有糖霜的小點心，如焦糖泡芙(Éclair)；還有香鹹口味的點心(Petits Fours Salé)，好比鮭魚春捲、小咖哩包之類。

1.位於卡薩布蘭加的「哈布班尼斯糕餅店」／**2.**可愛的小點心，有椰棗捲和其他口味／**3.**「哈布班尼斯糕餅店」以羚羊角杏仁餡餅聞名

埃及家常小吃

相較於摩洛哥的烹調，來自尼羅河岸的滋味顯得清淡、簡單些。然而多方應用香料與食材，埃及家常小吃亦有它獨具的特色。

代表飲料：洛神花茶

洛神花(Roselle)，又有人稱之為「紅寶石」。其色澤紅艷欲滴，可泡茶、製果脯或果醬，並且具有利尿、養顏和降血脂等功效。在埃及或中東，從酷熱的室外回到屋內，一杯冰鎮過的洛神花茶，酸酸甜甜，最是清涼解渴。

另外值得一提的是路邊賣甘蔗汁的攤販。埃及的甘蔗汁大杯又便宜，淺綠冰涼的液體既能止渴又賞心悅目。

各式經典主菜

燉秋葵羊肉是埃及人愛吃的一道家常菜，秋葵粘稠，羊肉軟爛，十分下飯。

主食方面，埃及人每餐不離艾素大餅(Aish Baladi，類似pita口袋餅)。這種埃及大餅可以蘸鷹嘴豆泥吃。裡面夾些炸蠶豆丸子或沙威瑪烤肉片，淋上優格，就是一份經濟又可口的三明治。

此外還有埃及雜糧飯(Kushari)，是一種埃及通心麵與穀物的大雜燴，上頭再撒上一把碎花生，香噴噴，是埃及人愛吃的「麵食」。

埃及人超愛吃酸菜，如酸黃瓜、酸花菜、酸辣椒，還有醃漬的茄子、蠶豆和橄欖。

埃及甜點也很有名，喜歡甜食者可小嘗。也由於埃及人愛吃甜，所以街上的牙醫特別多。

1.「Kushari」是埃及人愛吃的通心麵大雜燴／**2.**艾素大餅，埃及人每餐必吃，有多種吃法／**3.**燉羊腿飯，照樣附上埃及大餅

摩洛哥道地美味

塔吉鍋燉菜

正統陶土塔吉鍋燉出傳統味

塔吉鍋(Tajine)是摩洛哥的傳統烹飪方式，菜肴色彩豐富又營養均衡。然而，食材是否新鮮，做工是否道地，都可以決定一鍋飯菜的好壞。這種烹煮法最大的好處是：即使在沒有電力的荒漠中，廚師照樣可以用炭火慢慢燉煮出一鍋美味珍饈。

正統的陶土塔吉鍋，造形像斗笠，完整且密閉，烹調時僅需少量的水就可將食物燉煮得熟爛，並且保留原汁原味。如今一般家庭或餐館，為節省時間，已經改用壓力鍋來煮。待煮熟後再放入塔吉鍋內。

塔吉鍋的菜色千變萬化，一般主菜有雞肉、羊肉、小牛肉或魚。配菜有胡蘿蔔、洋蔥、南瓜、大黃瓜、鷹嘴豆、馬鈴薯、朝鮮薊、秋葵和甜椒。基本的調味料如：醃漬檸檬、肉桂、小茴香、梅乾、杏仁、芝麻、無花果，以及摩洛哥堅果油。

我在摩洛哥吃過最美味、最傳統的塔吉鍋燉菜是梅乾小牛肉塔吉燉鍋。它的作法是先將洋蔥炒軟，小牛肉煎到金黃。然後加水、橙汁、梅乾、無花果、肉桂、番紅花、小茴香、薑粉等香料。再淋上一些蜂蜜，以小火燉煮約3小時。上桌前，再撒上炒過的杏仁和芝麻。

燉鍋菜可配奶油麵餅、米飯或庫斯庫斯來吃。當然，如果有焦糖洋蔥醬和沙拉拼盤(醃橄欖、茄子醬、朝鮮薊沙拉、蒔蘿鷹嘴豆之類的小菜)就更加完美了。

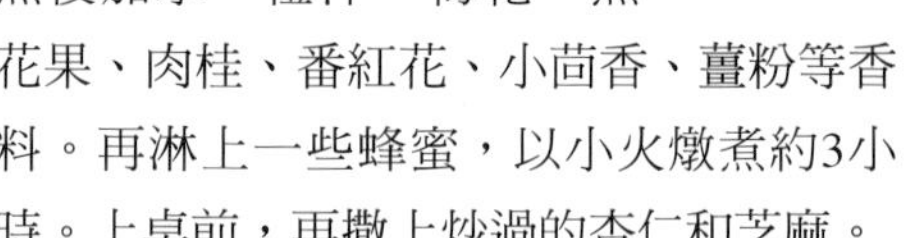

1.雞肉燉鍋菜是天天可吃的家常菜／**2.**傳統的陶土塔吉鍋，造型像斗笠／**3.**搭配燉鍋菜的摩洛哥沙拉小菜／**4.**梅乾小牛肉塔吉燉鍋是我的最愛

庫斯庫斯

北非主食，來自週五的饗宴

庫斯庫斯(couscous)是粗麥粉所製成的一種麵粒(pasta)，看似小米，卻絕不是穀類。

作為主食的庫斯庫斯是北非沙漠民族的最愛，鹹甜兩相宜，端看搭配的食材而定。平民化的作法類似蓋飯，僅在蒸熟的庫斯庫斯上澆一大匙燉鍋菜肴和湯汁。甜點庫斯庫斯則加奶油砂糖和乾果，再以肉桂粉點綴。

傳統的庫斯庫斯製作相當花費人工，必須不斷的撒粉、搓揉，再用篩網篩檢，務求達到顆粒一致的標準。庫斯庫斯在曬乾後可儲存數月之久。如今市面上已可買到機器製的庫斯庫斯，只要加熱水、悶幾分鐘即可食用。

1.街邊小餐館就可吃到的美味庫斯庫斯簡餐／**2.**爛熟的羊肉，再撒上葡萄乾和杏仁片，實在令人垂涎／**3.**香噴噴的庫斯庫斯大餐，另加一串炭烤羊肉更令人心滿意足

好吃的庫斯庫斯呈晶瑩的淡金黃色澤，鬆軟不黏牙。當然，引人垂涎的庫斯庫斯在主菜上必須下功夫。首先，羊肉(或牛肉)要切得大塊，半肥腴，然後用塔吉鍋燉到肉爛汁鮮、嚼勁適中。盛放庫斯庫斯的大圓盤上面覆蓋著燉羊肉，再撒一把葡萄乾和杏仁片。Voila！一頓香Q可口、恰到好處的庫斯庫斯大餐就完成了。

在摩洛哥，庫斯庫斯只有在節慶或星期五才能吃得到，所以要把握機會。

鴿肉酥皮餡餅

是主角也可是配角的可口餡餅

我第一次認識這種餡餅，就是讀了紐西蘭美食作家馬瑟雅(Peta Mathias)所著作的《烹調探險記》(Culinary Adventures)。美麗的圖片配合浪漫的解說，卻無法讓人望梅止渴，只好親自到摩洛哥品嘗了。

鴿肉酥皮餡餅(Pigeon Pastilla)的餡十分多樣化，可以只單純加杏仁碎粒，也可以包雞肉、鴿肉、鵪鶉肉、魚肉，或者素食。製作餡餅的外皮是一種叫做warka的千層酥皮。餡餅可大可小。大者如一臉盆，多人一起合吃。而一般餐廳如今只製作一人分量，十分合宜。

鴿肉酥皮餡餅的主要餡料除了鴿肉之外，還有洋蔥末、杏仁粉(粒)、鹽糖，以及薑粉、香菜末、番紅花等種種香料。烤熟的餡餅，外酥內軟，再撒上一層糖粉，甜甜鹹鹹，當主食或點心都十分可口美味。

若是到馬拉喀什旅遊，想品嘗道地的鴿肉酥皮餡餅，推薦您前往「法西亞餐廳」(Al Fassia)[1]去品嘗。

這家餐廳位於新城區，由婦女聯誼會經營。她們烹調傳統摩洛哥料理，經典菜色有嫩烤羊肉串、番紅花庫斯庫斯(couscous)和能擺滿一桌的摩洛哥沙拉小菜。配菜則是令人垂涎的焦糖化洋蔥(caramelized onion)和哈里薩醬(harissa)。不用說，此時若是再來一份鴿肉酥皮餡餅當甜點，那就是圓滿的一餐。

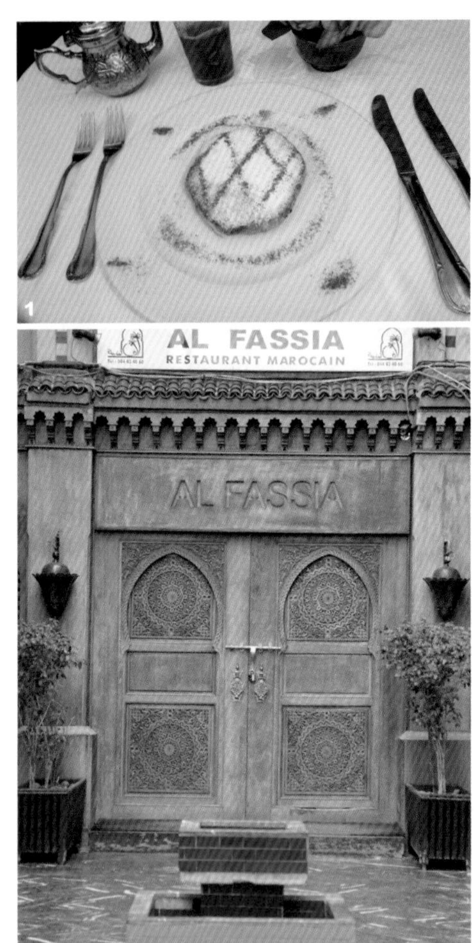

1.鴿肉酥皮餡餅，外酥內軟，十分可口／**2.**法西亞餐廳以烹調傳統摩洛哥料理著名

1.法西亞餐廳(Al Fassia)
地址：55 Boulevard Mohamed Zerktouni, Marrakech, Maroc
營業時間：12:00～14:30，19:30～23:00
電話：212 524 43 40 60

中東風味阿拉伯菜

對於我而言，所謂的阿拉伯菜就是帶有沙漠風味特色的料理。舉凡是敘利亞菜、黎巴嫩菜、埃及菜，甚至摩洛哥菜等等，他們所用的香料都繽紛繁多，再搭配杏仁、腰果、核桃及各種果乾果脯，就成為色香味俱全的饗宴。

不管是杜拜或安曼，以黎巴嫩菜最為常見。香煎薄夾層肉餅、什錦燒烤，再加上飽浸蜂蜜橘花水的粗小麥粉(semolina)糕點，簡直是老饕的天堂！

到了中東，有機會也應該嘗嘗約旦國菜：奶酪羊肉飯(Mansaf)。奶酪羊肉飯是黎凡特的傳統烹調，也是約旦家庭在大小重要聚會中，或者餐館裡常見的主菜。在巴勒斯坦、伊拉克及敘利亞區的人們也喜愛吃奶酪羊(雞)肉飯。

以前，貝都因人會將羊肉或駱駝肉放進發酵過的乾奶酪中去燉熬至爛熟。如今，他們使用的食材是來自紐西蘭的羊排。搭配

的乾製奶酪塊名叫Jameed，以卡拉克城(Al-Karak)生產的品質最為上乘。

除了奶酪羊肉飯，到中東旅遊的人最熟悉的食物莫過於沙威瑪(Shawarma)三明治了。沙威瑪類似土耳其的旋轉烤肉，他們將雞、牛、羊肉包捲著一支垂直的烤肉叉棒，慢慢的旋轉烤熟。烤熟後削下來的肉片，放進中東口袋餅裡，再加入番茄、橄欖、生菜、鷹嘴豆泥、洋蔥、黃瓜和芝麻醬之類，既可口又能夠填飽肚子。

1.約旦小吃，中東口袋餅裡是沙威瑪肉片及佐料／**2.**以色列菜，醬烤肉卷小黃瓜，灑滿了白色起司

沙漠中的水果

椰棗

椰棗產於綠洲，是摩洛哥大宗外銷的農產品。椰棗的種類繁多，有黃棗、紅棗、紫黑色的蜜棗，它們的成熟期也不同。

摩洛哥生產的蜜棗就多達100多種。蜜朵兒(Medjool dates，也有人稱之加州蜜棗)及哈拉威蜜棗(Halawi dates)是兩種特別受歡迎的蜜棗果脯。另外，德拉河谷還出產另一種品種叫做卜妃孤蜜棗(Boufeggou dates)，皮薄籽小，是完全焦糖化的蜜餞果脯。椰棗可製成果醬，也可以椰棗甜漿的形式加入糕餅中。

1.椰棗採收季節，路邊常見賣蜜棗的攤販／**2.**菲斯菜市場賣的椰棗種類繁多／**3.**在馬拉喀什的德吉瑪廣場，鮮搾橙汁是遊客的最愛(圖片提供：Pink/from PIXNET)／**4.**摩洛哥人喜歡將柳橙樹當行道樹來種／**5.**在德吉瑪廣場，遊客最愛清涼解渴的橙汁

柳橙

摩洛哥的柳橙大都產自蘇斯河河谷(Souss Valley)。

柳橙經過燦爛的陽光照射，一顆顆金黃飽滿，像發亮的燈泡般掛滿了墨綠色的橙樹林。這是走在蘇斯河河谷時，公路兩旁常見的景象。

在馬拉喀什的德吉瑪廣場，販賣鮮搾橙汁的小攤一列排開。一大杯清涼解渴的橙汁才 Dh4，是遊客們的最愛。

柳橙幾乎四季都在賣，具有豐富的維生素C，便宜好吃，是很平民化的水果。

柳橙除了當水果來吃外，它的果皮、果肉、鮮橙汁都可以應用到烹飪料理中，如沙拉或蛋糕，常具有點睛提味的效果。

1

2

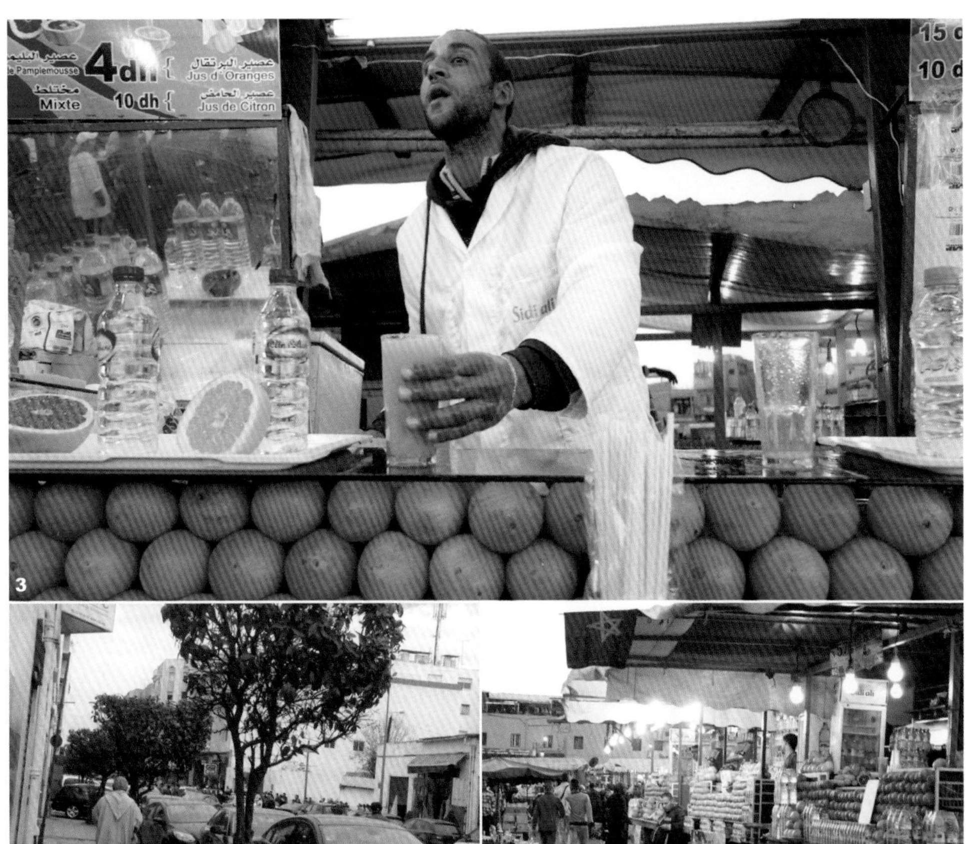

摩洛哥人很喜歡將柳橙樹種植在道路兩側當行道樹。雖然柳橙樹沒有很多樹蔭，但是結實纍纍的柳橙樹，一看就是讓人賞心悅事。

石榴

石榴，Pomegranate，又稱安石榴。原產於伊朗，如今在中國、北非、美國及地中海區皆有廣泛種植。

石榴能解渴、助消化，經常食用對身體有多種好處。石榴這種水果性溫，除了生食之外，它還可以入藥，具有止咳化痰、止血、止瀉和殺蟲等功效。

因為石榴果粒繁多，顏色美麗，在中國石榴還有「多子多孫」的文化象徵。

我在莫哈密的週一市集買了一粒碗公大的石榴。紅色飽滿的果實在熟裂之後，露出紅寶石般的種籽，晶瑩悅目，甜中微

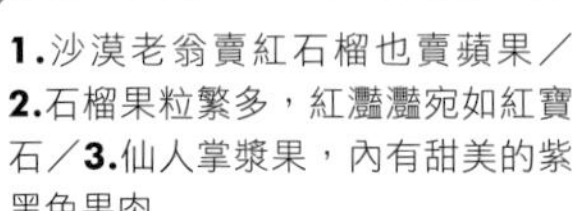

1.沙漠老翁賣紅石榴也賣蘋果／**2.**石榴果粒繁多，紅灩灩宛如紅寶石／**3.**仙人掌漿果，內有甜美的紫黑色果肉

酸，可以連籽吞下。

據說石榴的營養都保留在種籽裡，其中養分包括有抗氧化作用的石榴籽油，有防皺紋的雌性激素，還有讓皮膚白嫩的維生素C。

石榴也可以搾成果汁，就像我們將甘蔗搾成甘蔗汁那樣。在綠洲，只要季節對，一大杯色澤誘人的石榴果汁，好看又好喝，非常的生津止渴。

仙人掌漿果

賣仙人掌漿果的攤販通常會手握一把小刀，幫顧客將果實攔腰一劃。果實一分為二，果皮一擠就露出甜而多汁的紫黑色果肉。

雖然仙人掌漿果清甜可口，但是吃起來有些麻煩。因為果實內多種籽，一邊吃果肉還得一邊吐籽。還有，若是不小心，將紫色汁液沾染到衣服則很難洗淨。帶回家吃的仙人掌漿果，剝皮時要注意肉眼看不見的毛刺。

液體黃金：摩洛哥堅果油

摩洛哥堅果的果樹又稱為阿根樹(Argan)，大都生長在半沙漠的山谷地區，喜歡帶碳酸鈣質的土壤。它們的樹幹多刺，樹高約10公尺。

阿根果實大約在6～8月時成熟，成熟時會自然掉落地上。由於果殼十分堅硬，柏柏爾族婦女們會用特製的兩塊石頭將果核敲開，取出裡面的果仁。果仁經過低溫烘烤之後，再用石磨將它們碾磨成漿。之後，又經加熱、攪拌、沉澱等過程，方能提煉出摩洛哥堅果油(Argan Oil)。據說，100公斤的阿根果實才能萃取1公升的摩洛哥堅果油，因此它的售價並不便宜。

可用於烹飪或護膚護髮

摩洛哥烹飪中，摩洛哥堅果油常被用來取代橄欖油。比如說，有一種非常好吃的麵包抹醬，名稱是Amlou。有點像花生醬，但是更香更可口。製作的方法是將烤過的杏仁磨成漿，再加入摩洛哥堅果油和蜂蜜，保證吃了會上癮。

因為油質透明清澈，顏色呈淺金黃，摩洛哥堅果油又被稱為「液體黃金」。它含有豐富的維他命E、α-生育酚和亞麻油酸。除了食用，純摩洛哥堅果油也是抗氧化、延緩皮膚衰老的頂級護膚植物油。近幾年來，台灣一些髮廊也鼓勵顧客們使用摩洛哥堅果油來護髮。許多化妝品公司也拿摩洛哥堅果油來當基礎成分，製造各種化妝品。

純粹的摩洛哥堅果油是頂級的護膚油

早餐好，搭配美麗的風景更棒

先喝杯柳橙汁，再來吃歐姆煎蛋捲

早餐，為旅行注入活力！

最愜意的旅行是不必趕行程，可以睡到自然醒。然後睜開眼睛，馬上有人遞過來一杯熱紅茶。當然也可以是一杯熱咖啡，但是我受英系國家(如，馬來西亞、印度和紐西蘭)的影響太深，認為「紅茶及Breakfast in bed」是一日之始最棒的禮物。

也許，在床上吃早餐不是每個人的菜。那麼，想像你住在一家五星級大酒店裡，睡到自然醒後，餐廳裡排滿中式、日式、歐式的自助早餐，五花八門、豐盛美味，就等著你去慢慢享用。這樣的早餐是不是很叫人期待呢？

我在摩洛哥旅行，大都住在類似民宿的riad或Dar，每家附帶的早餐亦不盡相同。簡單一點的，至少有茶有麵包，還有兩粒水煮蛋。別具心思的，光是果醬就5、6種，一碟野蜂蜜，一碟純橄欖油，麵包3、4種，還有現做的歐姆煎蛋捲！

在埃及和摩洛哥，最享受的事是在每個陽光溫柔的早晨，坐在美麗的風景前吃早餐。比如說，我在開羅的Pyramids View Inn住了數日，每天在頂樓陽臺吃早餐，一邊欣賞金字塔群的雄姿。

往偏遠的沙漠行去，所謂的早餐就相對本土化了。麵包是在自家後院土窯現烤的，搭配昨日新製的無花果果醬，再慢飲一杯苦艾花草茶。啊！整個精神活力都來了，對新的一天也充滿了美好的新希望。

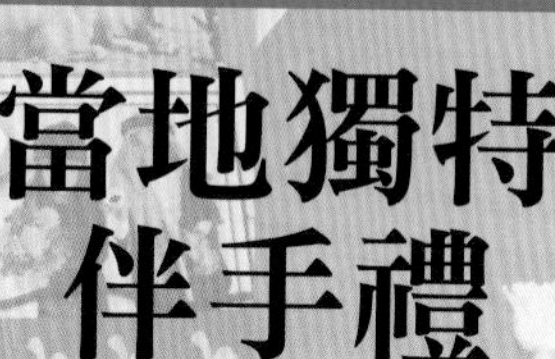

當地獨特伴手禮

沙漠乾燥，當地產的杏仁潤膚霜是送禮好物

摩洛哥零錢袋，上面繡著法蒂瑪之手

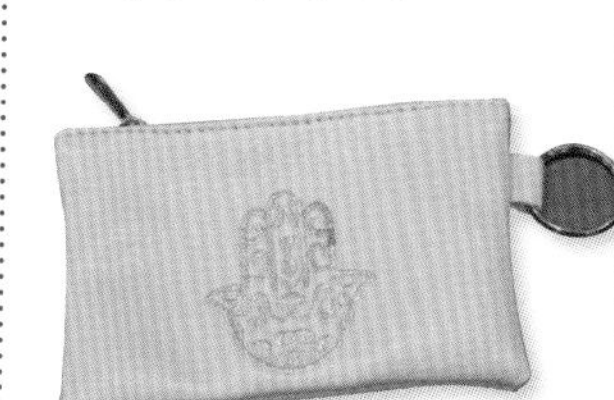

對於愛書人，關於沙漠的著作和明信片也值得收集

繪有古埃及圖案的紙莎草書籤，引人思古幽情

埃及銀器很有名，買一串精緻的純銀耳環將十分受歡迎

帶著流蘇的漂亮書籤，上面繡著駱駝或阿拉伯祝福文字

圖阿雷格的頭巾很實用，埃及棉的品質最好

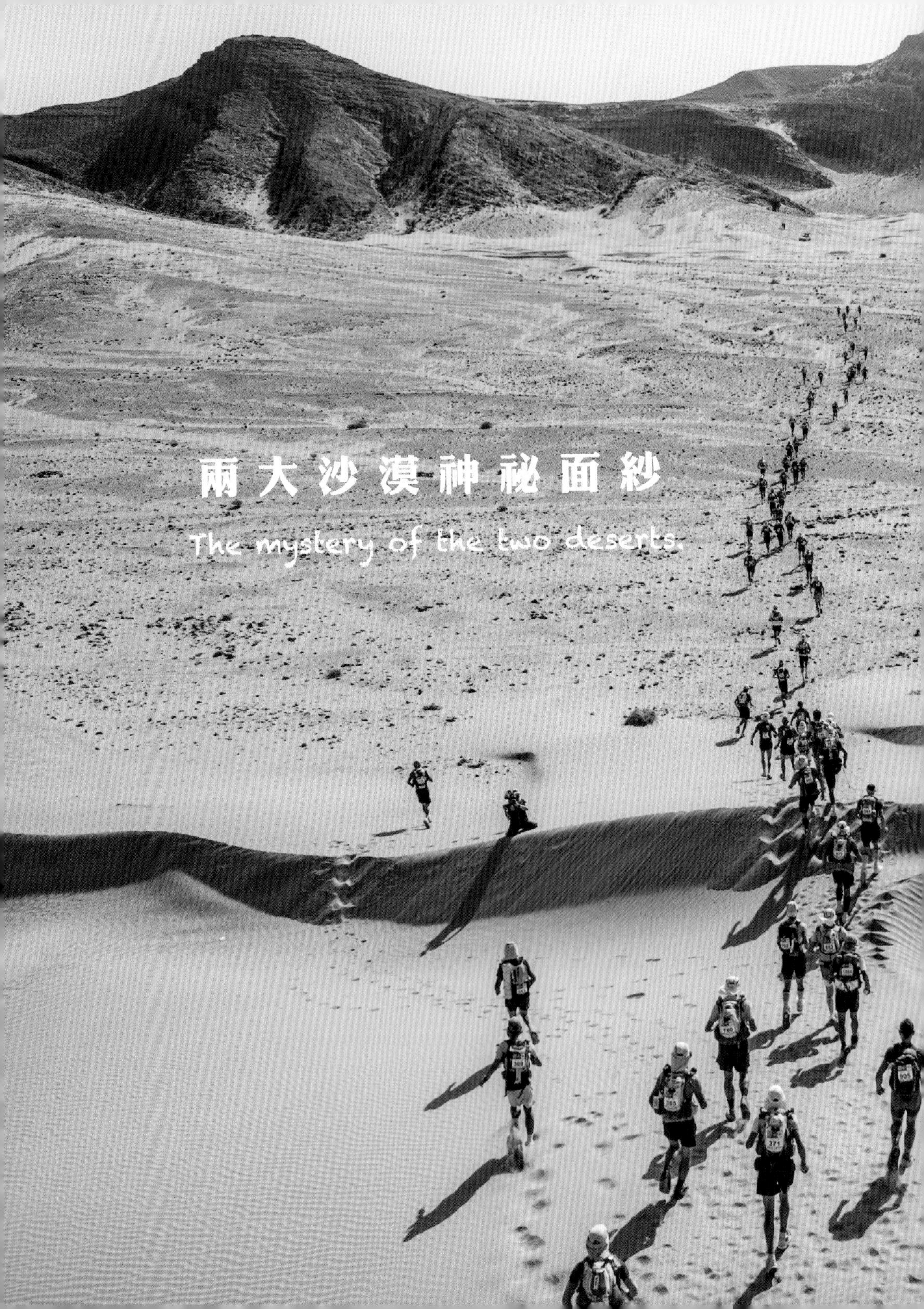

兩大沙漠神祕面紗

The mystery of the two deserts.

地中海
Mediterranean Sea
突尼西亞
Tunisia
摩洛哥
Morocco
阿爾及利亞
Algeria
利比亞
Libya
埃及
Egypt
紅海
Red Sea
茅利塔尼亞
Mauritania
馬利
Mali
尼日
Niger
查德
Chad
蘇丹
Sudan
幾內亞灣
Gulf of Guinea
大西洋
Atlantic Ocean
維多利亞湖
Lake Victoria
撒哈拉沙漠分布圖

撒哈拉沙漠

地理景觀

撒哈拉沙漠(Sahara Desert)是非洲大陸最大的荒漠，也是世界上第三大荒漠，僅次於南極和北極。它的面積超過940萬平方公里，約占整個非洲的32%。

撒哈拉沙漠橫跨了10個國家，它們分別是：埃及、利比亞、查德、尼日、馬利、蘇丹、阿爾及利亞、突尼西亞、茅利塔尼亞，和摩洛哥。

從大西洋岸到紅海，這一片綿延5,600公里的撒哈拉沙漠可分為幾個主要區域：其中包括有西撒哈拉、提貝斯提高原(Tibesti Mountains)、阿哈加爾高原(Ahaggar Mountains)、艾爾高原(Aïr Mountains)、特內雷沙漠(Ténéré Desert)，以及利比亞沙漠(Libyan Desert)。

而撒哈拉沙漠本身就是一個分界線，它將非洲一分為二，上面是北非，下面則是南部黑非洲。兩個區域在氣候與地理景觀上都有巨大的差異，在人文歷史方面亦截然不同。

撒哈拉邊緣的山脈

沙漠裡的高原

在撒哈拉沙漠的中央有幾處高原，我們較常聽見的就是阿哈加爾高原。它又被稱為「霍加爾高原」(Hoggar)，地理位置是在阿爾及利亞的南部，分跨北回歸線，是個很特殊的火山高地。地理學家和地質學家常拿霍加爾高原來當作「極端氣候」與「沙漠如何形成」的典型例子。這裡日夜溫差高達50多度，再加上風沙不斷的吹襲，最終霍加爾高原方山風化傾圮，變成了沙粒。

根據考古研究，撒哈拉沙漠曾經有過繁盛的古文明。在阿哈加爾高原東北方，有一個更有名的高原叫阿傑爾高原，它也是阿傑爾國家公園(TasliñAjjer Cultural Park)的所在地。此處有8,000多年前、居住在這裡的牧羊人所繪的史前洞穴壁畫，畫作至今仍然存留。雖然它在1986年被聯合國教科文組織UNESCO列為世界遺產，但是近些年因為恐怖組織猖獗，是故人跡罕至。

雖然撒哈拉沙漠乾旱無比，沙漠中也有一些間歇性或季節性河流。它們來去無蹤，最後不是乾涸了，就是潛入沙岩的地底深處。而尼羅河和尼日河是撒哈拉的兩個特例，尼羅河綿延的向北流進地中海，尼日河則流向大西洋。

沙漠中，地下水源若是靠近地表，就容易形成綠洲。本書也介紹了大家比較熟悉的埃及兩個大綠洲，即：巴哈利亞綠洲(Bahariya Oasis)和錫瓦綠洲(Siwa Oasis)。

從公元前2500年起，撒哈拉沙漠就是今日這種「大沙漠」的樣貌。在此之前，撒哈拉沙漠曾經歷過不同階段的乾濕互交換時期。

生態與人文歷史

幾千年以前，人類就開始在撒哈拉沙漠的邊緣居住生活。

如今，這裡主要的居民有柏柏爾人、摩爾人、努比亞人和圖布人等種族。

動植物方面，撒哈拉沙漠常見的植物有刺槐、檉柳，以及各種灌木和草類。這裡有300多種鳥類，最常聽聞的有沙漠雲雀、沙漠雕和鴕鳥。沙漠大耳狐和羚羊亦時常可以見到。駱駝是阿拉伯人後來才引進到撒哈拉，作為運輸工具的動物。

自從有了駱駝，撒哈拉沙漠便不再是無法跨越的障礙。「撒哈拉絲路」被打通了，介於蘇丹(阿拉伯語，意指南部黑非洲)與黎凡特之間的貿易也開啟了。

位於南方的薩赫勒(Sahel)國家，因為輸出黃金、鹽，和奴隸而變得富裕，然而他們也吸引大量的阿拉伯人移進此地。如今的撒哈拉地區，阿拉伯人是主要的族群。

而那些位於撒哈拉沙漠中心的國家們，他們的石油和天然氣，以及銅、錳、磷、

1.摩洛哥的莫哈密，就在撒哈拉邊緣／**2.**化石山丘是撒哈拉的另一個地貌／**3.**埃及的「利比亞沙漠」是撒哈拉的一部分

鈾等稀有礦產(尼日是主要的鈾礦產國)皆已受到歐美及其他國家的覬覦。這些國家在撒哈拉沙漠修建了公路及航空據點，而事實上，諸般建設只是為了讓投資者們能更方便的去大肆開採那些天然資源罷了！

沙漠小知識

薩赫勒區域裡的國家有哪些？

薩赫勒區域(Sahel)是介於撒哈拉沙漠和蘇丹荒漠草原(Sudanian Savanna)之間的那塊區域。位居薩赫勒的國家有：塞內加爾、茅利塔尼亞、馬利的中央地帶，布吉納法索、尼日、阿爾及利亞的東南方、奈及利亞的東北方，以及查德的中部。

阿拉伯沙漠分布圖

敘利亞沙漠
Syrian Desert
約旦
Jordan
伊拉克
Iraq
科威特
Kuwait
伊朗
Iran
內夫得沙漠
An-Nafud Desert
波斯灣
Persian Gulf
漢志
Hejaz
卡達
Qatar
麥地那
Medina
內志
Nejd
阿拉伯
聯合大公國
Uae
埃及
Egypt
利亞德
Riyadh
紅海
Red Sea
沙烏地阿拉伯
Saudi Arabia
吉達
Jedda
麥加
Mecca
魯卜哈利沙漠
（空白之地）
Rub' Al Khali Desert
蘇丹
Sudan
阿曼
Oman
葉門
Yemen
亞丁灣
Gulf of Aden

阿拉伯沙漠

地理景觀

阿拉伯沙漠是公認最神祕的沙漠，因為這個區域遼闊艱險，而且我們對當地的貝都因人亦不甚瞭解。

阿拉伯沙漠主要遍布於阿拉伯半島，面積約233萬平方公里，是一個熱帶型沙漠。位於這個區域的國家有：約旦、伊朗、科威特、阿曼、卡達、沙烏地阿拉伯、阿拉伯聯合大公國、葉門。

論沙漠大小，阿拉伯沙漠也僅次於撒哈拉，是世界第二大沙漠。此處有兩個主要的沙漠，它們就是內得夫沙漠(Nedfu Desert)和魯卜哈利沙漠(Rub'al Kali Desert)。魯卜哈利沙漠位於阿拉伯沙漠的中央，又被稱為「空白地帶」(Empty Quarter)，常被沙漠探險家視之為超高難度的探險目標。

1/3的阿拉伯沙漠為沙子所覆蓋，這裡沒有什麼大河流。常流河只有底格里斯河(Tigris)、幼發拉底河(Euphrates)，以及位於葉門南部的哈傑爾河(Wadi Hajr)。

阿拉伯沙漠邊緣的山脈

1

整個阿拉伯沙漠的最高點是位於葉門的安納比舒艾伊峰(Jabal an Nabi Shu'ayb)，高3,760公尺。沙漠到了約旦境內，就在死海以東，變成高高隆起的高原。這種高原又被間歇河流所造成的旱谷所切割，形成像「佩特拉」和「瓦地倫」那些獨特的沙岩地貌。高原旁是燧石(打火石)平原，在約旦的東部沙漠，以及從內得夫沙漠到敘利亞沙漠之間，遍地都是燧石，這些在《智慧七柱》裡，作者勞倫斯都有著墨描述。

一般而言，阿拉伯沙漠的內陸天氣酷

2

熱，最高溫可達攝氏54度。但是在高海拔地帶及北部地區，如約旦和敘利亞，到了冬天則相當寒冷，也可能降雪。

生態和人文歷史

阿拉伯沙漠裡最常見的植物是檉柳和莎草。它們有強勁的生命力，可以用來幫助土壤作水土保持。這裡也有一種奇特的「牙刷灌木」叫拉克(raq)，人們取其枝條來刷牙。貝都因游牧民族還拿香草來浣衣或沐浴，有些香草亦可供烹調用。葉門的山上有生產乳香和沒藥的灌木叢，一般綠洲裡也種植米麥、苜蓿和水果。

阿拉伯沙漠有阿拉伯劍羚和角羚。這裡的鳥類繁多，經常可見茶隼，阿拉伯人愛訓練獵隼替他們打獵，獵捕的目標如沙松雞或鴇。

阿拉伯沙漠裡有豐富的石油資源，以及鐵礦和磷灰石。伊拉克和科威特皆產石油，而沙烏地阿拉伯是此區最大的石油產國。

阿拉伯半島的人類歷史可以追溯到舊石器時代。而兩河流域，即底格里斯河與幼發拉底河匯聚的美索不達米亞平原，一直都是古文明的搖籃。

貝都因人在沙漠裡過著游牧生活，他們飼養駱駝、阿拉伯馬和山羊。

1.旱谷切割高原，造成瓦地倫獨特的風景／**2.**約旦的東部沙漠，地上常見燧石／**3.**瓦地倫的地貌，石柱擎天

1 2

沙漠活動體驗
01

撒哈拉烈陽下的馬拉松

以前我在紐西蘭基督城工作，有位同事提姆(Tim)就酷愛參加極限運動(Extreme Sports)。提姆參加過世界幾個超級馬拉松(Ultra Marathon)，比如說埃及100公里的超級馬拉松、約旦佩特拉(Petra, Jordan)的馬拉松、戈壁馬拉松等。

而這些競賽中以撒哈拉沙漠馬拉松最具挑戰性，也最為全世界馬拉松好手們津津樂道了。

在沙漠裡跑馬拉松不僅要受烈日烤曬，要克服礫石沙丘障礙，還要忍耐沙塵暴及嚴寒夜晚等等困難的考驗。聽說報名費裡有一條「屍體運送費」，可見此項競賽的艱難與危險。至於要說撒哈拉沙漠馬拉松競賽有多辛苦，大概問問台灣體育界名人「林義傑」就知道了。

撒哈拉沙漠的馬拉松(Marathon des Sables)，賽期共7天6夜，全程250公里。參賽者必須背負自己的睡袋、食物和日用必需品。主辦單位每天則提供9公升清水及休息帳篷。通常參賽者會自行組隊參加，互相打氣鼓勵。

如欲參加撒哈拉沙漠的馬拉松(Marathon des Sables)，報名資訊請見黃頁簿(P.214)。

3 4

1.2.4.撒哈拉沙漠的馬拉松，充分考驗參賽者的體力、耐力與決心(圖片提供：happywaytravelhk.com)／**3.**撒哈拉沙漠的馬拉松，歷程艱苦又危險(圖片提供：馮偉棠)

沙漠活動體驗 02

挑戰刺激越野活動

滑沙 Sandboarding

有人溜冰，有人滑雪或滑草，而在沙漠滑沙也不是什麼新鮮事。其實，最早滑沙起源於非洲的納米比亞(Namibia)，當時是叫做Sand-skiing。

滑沙使用的工具就是滑沙板，它的板底比滑雪板硬，材質可能是麗光板(formica)、抗貝特層壓板(compact laminate)或木板塑膠之類。

滑沙的方式很多種，可以胸部貼著滑沙板溜下去，亦可像滑雪那樣站立著滑沙。重點是沙丘要夠陡夠長，滑沙板與沙子間的阻力也必須降至最低。

滑沙看似驚險萬分，其實比沙灘越野車還要安全許多。如果下降速度過快時，你可以往旁側來個自摔，頂多狗爬式的翻幾個跟斗，再吃個滿臉滿嘴的沙子罷了。

1.錫瓦人飛躍在大沙海的沙丘／2.4.沙灘越野車的車輪特別寬大，抓著力也強(圖片提供：saharabuggy.com，Morocco)／3.沙子有阻力，滑沙板不如想像中容易(1.3.圖片提供：i小v的世界拼圖/from PIXNET)／

沙灘越野車 Sand buggy

沙灘越野車又叫做ATV(All Terrain Vehicle)，在紐西蘭，它們是農夫的得力助手。

我在歐比沙漠曾經坐過沙灘越野車，感覺雖然有點危險，但是ATV的馬力夠強勁，駕駛Omar又是個英俊的好駕駛，我們載著一隻牧羊犬在沙丘間穿梭，實在帥呆了！

因為沙灘越野車的車輪特別寬大，對地面的接觸面和抓著力也強，非常適合在凹凸不平的山路或溪谷上行駛。

近年來，觀光業者更將沙灘越野車引進休閒娛樂。據說，年輕的德國客最愛此道，甚至組團去梅祖卡玩沙灘越野車呢！

摩洛哥
Morocco

Awesome kasbah & desert experience.

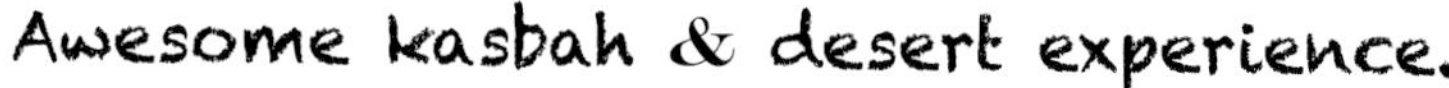

歐洲人的後花園，
穿梭在古老城鎮，與柏柏爾人喫杯茶。
亦是騎駱駝體驗沙漠的起點！

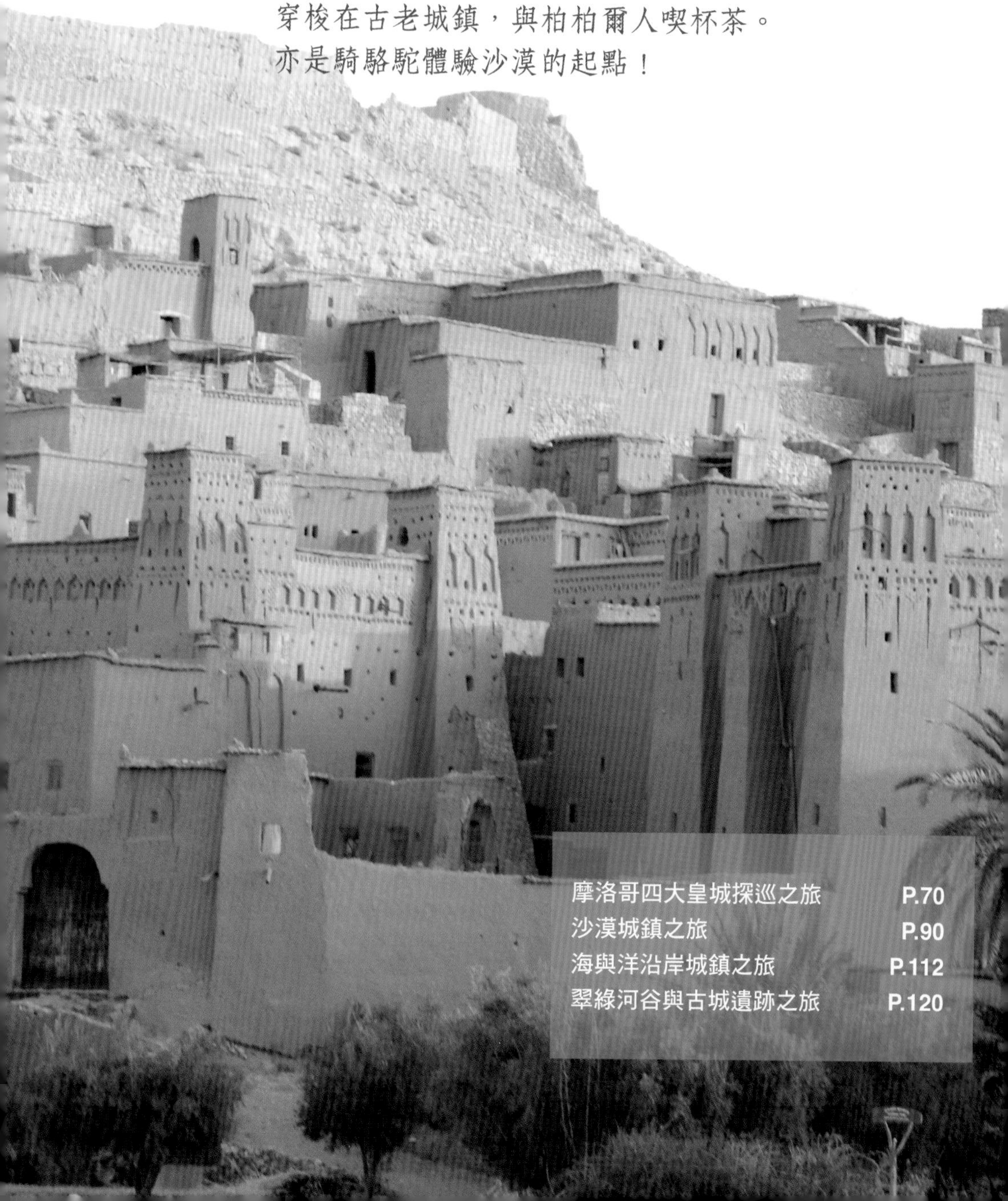

摩洛哥簡介 Morocco

在遊客的心目中，摩洛哥是一個既親切又奇幻的國家。

綜觀今日局勢，世界上大概只剩下摩洛哥這個國家，能讓我們放心的前往撒哈拉沙漠去一探究竟了。在摩洛哥，陸空交通均十分便利。若想到沙丘之間騎駱駝、賞落日，絕對是輕鬆即可實現的夢想。其中，位於梅祖卡(Merzouga)的歇比沙海和位於莫哈密(M'Hamid)的奇加加沙海，更是遊客們最熱衷前往的景點。

不僅於沙漠，摩洛哥幅員廣闊，光是海岸線就長達1,835公里。它北臨地中海，西傍大西洋，中部是雄偉的亞特拉斯山脈，東和東南綿延連接著浩瀚的撒哈拉。不論是上山下海，抑或是前進到沙漠深處，在摩洛哥旅遊有多種行程可供選擇。而最適合前往東部和南部沙漠的季節則是春、秋兩季(即3～5月和9～11月)。

摩洛哥融合了多種文化，因此它的飲食和衣著種類繁多。前往摩洛哥旅遊，餐餐吃塔吉鍋料理也不膩，飲千杯薄荷茶也不嫌多。茶足飯飽，再隨著格納瓦音樂(Gnawa)的節奏跳跳舞，或是到迷宮似的商店街去尋寶，這些都將是讓人難忘的旅行經驗。

摩洛哥聯外交通

從台北到摩洛哥沒有直飛班機，可在香港或杜拜轉機。摩洛哥兩大機場分別是在卡薩布蘭加(Casablanca)和馬拉喀什(Marrakech)。

摩洛哥國內交通

摩洛哥皇家航空可以飛行到各個大城市，以及重要的觀光景點，如，靠近沙漠的哇札札(Ouarzazate)。

http www.royalairmaroc.com

摩洛哥的陸路交通便捷，前往大城市可搭火車或遠程巴士。巴士大都由私人公司包辦，四通八達，可至偏遠鄉鎮，方便不貴。

卡薩布蘭加機場

從卡薩布蘭加機場就有火車通往鄰郊社區，像是Casa Port或Casa Voyageurs。在Casa Voyageurs有較多中價位住宿可選擇，亦能銜接前往菲斯或馬拉喀什的長途火車。

摩洛哥鐵路局ONCF：http www.oncf.ma

馬拉喀什機場

馬拉喀什機場距離城中心約5公里，可搭計程車，車價約Dh70～Dh100。機場19號巴士每20分鐘有車前往德吉瑪廣場。

前往山區和沙漠

在山區和沙漠，最常見的就是淺黃色的遠程計程車。小城鎮裡通常有遠程計程車聚集的總站，司機叫客，乘客滿6人就出發。

若是計畫進入沙漠，可乘四輪傳動車。若不趕時間，可騎駱駝，很浪漫，但不是很舒服。詳細交通資訊，請見黃頁簿(P.213～214)。

鐵道之旅是我的首選，還可以認識當地人

加納利群島
Canary Island
(Spain)
旦旦
Tan-Tan
廷杜夫
(邊界關閉)
Tindouf
(Borders Closed)
阿尤恩
Laayoune
大西洋
Atlantic Ocean
茅利塔尼亞
Mauritania
西撒哈拉地圖
大西洋
Atlantic Ocean
塞拉
Salé
拉巴特
Rabat
卡薩布蘭加
Casablanca
沙菲
Safi
大西洋
Atlantic Ocean
索維拉
Essaouira
馬拉喀什
Marrakesh
高亞特拉斯山脈
High Atlas
德拉河谷
Drâa Valley
哇札札
Ouarzazate
阿卡迪爾
Agadir
塔忽旦
Taroudant
塔里烏納
Taliouine
塔辰納卡特
Tazenakht
阿格德茲
Agdz
弗姆齋雁伊
Foum Zguid
小亞特拉斯山脈
Anti Atlas
塔他
Tata
阿爾及利亞(邊界關閉)
Algeria(Borders Closed)

西班牙
Spain
地中海
Mediterranean Sea
丹吉爾
Tangier
得土安
Tétouan
契夫蕭安
Chefchaouen
里夫山脈
The Rif
烏季達
Oujda
菲斯
Fès
肯尼特拉
Kènitra
梅克內斯
Meknès
阿爾及利亞
(邊界關閉)
Algeria
(Borders Closed)
米德特
Midelt
中亞特拉斯山脈
Middle Atlas
濟茲河谷
Ziz Valley
布爾法
Bouarfa
菲季
Figuig
爾拉其迪亞
Er-Rachidia
達碟河谷
Dadès Valley
廷吉爾
Tinerhir
布滿納達碟
Boumalne Dades
厄富
Erfoud
瑞薩尼
Rissani
梅祖卡
Merzouga
阿爾及利亞
Algeria
札哥哈
Zagora
莫哈密
M'Hamid

摩洛哥地圖

摩洛哥四大皇城探巡之旅

對歷史文化感興趣的旅客，到了摩洛哥簡直像進了大觀園，光是摩洛哥的四大皇城就足夠讓他們留連忘返。

所謂的摩洛哥四大皇城，指的就是：馬拉喀什、拉巴特、菲斯和梅克內斯。這其中，拉巴特仍然是摩洛哥今日的首都與皇城，國王穆罕默德六世就長駐於此。

在許多遊客的心目中，馬拉喀什的德吉瑪廣場是非去不可的地方。舊菲斯的巷道也值得尋幽探勝，即使在「大迷宮」裡走失了，也是人生有趣的小小冒險。至於拉巴特和梅克內斯，對大家而言雖然稍微陌生了點，但是這裡有豐富的歷史與古蹟，亦值得花時間一遊。

皇城 1

馬拉喀什

充滿異國風情的文化之都

Marrakech

馬拉喀什(Marrakech)建城於西元1062年，是摩洛哥四大皇城之一。

一下飛機，梅內拉機場(Menara Airport)那菱形潔白的設計給人極好的第一印象。機場距離城中心不遠，路旁幾隻駱駝正沿著16公里長、紅色砂岩的古城牆緩緩前進，這個「粉紅色城市」讓人立即有置身沙漠綠洲的感覺。

馬拉喀什分舊城區和新城區。新城區有魁立茲(Guèliz)和希弗尼(Hivernage)。火車站和巴士站就在魁立茲附近。沿著穆罕默德五世大道(Ave Mohammed V)，還有不少銀行、餐館及旅行社，是自助旅行者不可或缺的資源所在。遊客到馬拉喀什，常去的景點有德吉瑪廣場、巴迪宮(El Badi)、巴西亞宮(La Bahia) 和馬內拉皇家花園(La Menara)。

1.Plats Haj Boujemaa是馬拉喀什著名的燒烤店／**2.**馬拉喀什的居民超愛吃La Mer的油炸海鮮

馬拉喀什街道地圖

往卡薩布蘭加 Casablanca
羅勒花園 Jardin Majorelle
Rue Ibn Aicha
燒烤店 Plats Haj Boujemaa
Avenue Yacoub El Mansour
Av. Allal El Fassi
Route des Remparts
Bd Mohamed Zerktouni
法西亞餐廳 Al-Fassia Restaurant
魁立茲 GUÉLIZ
Rue Khalid ben el-Oualid
CTM巴士站
舊城區 MÉDINA
Rue El Gza
Rue Riad El Arous
火車站 Train Station
Avenue des Nations Unies
都卡拉城門 Bab Doukala
Rue Fatima Zohra
Rue de Bab Doukkala
AVENUE HASSAN II
16 Novembre廣場 Place du 16 Novembre
AVENUE MOHAMED V
自由廣場 Place de Liberté
柯布城門 Bab Nkob
Rue Sidi El Yamani
德吉瑪廣場 Djemaa El-Fna
往索維拉 Essaouira
BD MOHAMED VI
Avenue Moulay El Hassan
Bd El Yarmouk
希弗尼 HIVERNAGE
Rue Abou El Abbes Sebti
Av. Houmane El Fetouaki
Rue Riad Zitoun el-Kedim
巴西亞宮 Palais Bahia
Avenue Oumman El Fetouaki
Rue Sidi Mimoun
Rue Uqba bin Nafi
Rue Arset El Maach
哲帝城門 Bab El Jdid
巴迪宮 El Badi
Avenue De La Menara
庫圖比亞清真寺 La Koutoubia
馬可貞城門 Bab El Makhzen
往機場 Airport

庫圖比亞清真寺 La Koutoubia

高聳宣禮塔成明顯地標

馬拉喀什舊城區，距德吉瑪廣場200公尺
www.mosquee-koutoubia.com
MAP P.72

只要進到粉紅色的古城牆內，舉目遙望，即可見77公尺高的庫圖比亞宣禮塔。因此，靠這座地標認路者不在少數。

庫圖比亞清真寺建於十二世紀，它是馬拉喀什最大的清真寺。早期，清真寺四周有100多間書商店家。是故清真寺的名字取自kutubiyyin，意即「書商」。

庫圖比亞清真寺占地近600公頃，即使不是回教徒，遊客們同樣可以在清真寺的廣場或花園裡散步休息。當然，眾人喜歡以清真寺前的廣場作為約會見面的地點。馬車和計程車也在這裡讓乘客上下車，人來人往，熱鬧且紊亂。

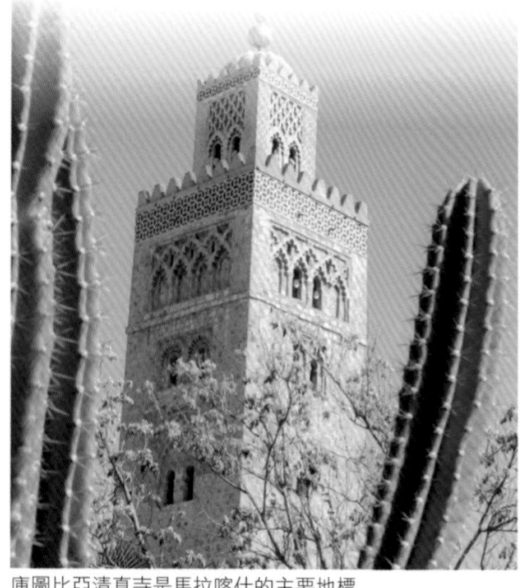

庫圖比亞清真寺是馬拉喀什的主要地標

德吉瑪廣場 Djemaa El-Fna

世界遺產

不眠廣場揭開馬拉喀什序幕

✉馬拉喀什舊城區
http www.jemaa-el-fna.com
MAP P.72

不管在白天或夜晚，德吉瑪廣場都瀰漫著聲光、色彩和氣味，既喧囂且混亂。廣場上有耍猴弄蛇、賣水說書的，還有吐火吞劍、表演特技的人等等，大家各憑獨特技倆來吸引觀眾的眼光和小費。

廣場四周是呈幅射線狀的大街小巷。巷弄裡有賣明信片、羊毛地毯、皮拖鞋等等攤販和店家。入夜後的德吉瑪廣場，整個改頭換面了，這時大排檔進場，有的賣摩洛哥蔬菜麵湯(Harira)，有的賣羊頭肉和烤肉串，處處都是食物的香味和小販的吆喝聲。大排檔外又有賣柳橙汁和椰棗乾果的攤販。這裡遊客如織，商人各顯奇招，熱鬧的氣氛直到凌晨時方才散去。

在這個充滿說書人、雜耍特技表演者的「文化空間」(Cultural Spaces)裡，它所呈現的正是摩洛哥的傳統文化。因此，位於馬拉喀什舊城區的德吉瑪廣場，在2001年被列入聯合國教科文組織的世界遺產名錄。

1.廣場上，吹笛弄蛇的街頭藝人／**2.3.**入夜後的德吉瑪廣場，熱鬧非凡／**4.**廣場上，摩洛哥彩繪紋身也很受歡迎(**1.4.**圖片提供：Pink/from Pixnet)／**5.**德吉瑪廣場是遊客到馬拉喀什必訪之地

羅勒花園 Jardin Majorelle

色彩艷麗的熱帶植物園

Rue Yves Saint Laurent，Marrakesh
212 524313047
10～4月08:00～17:30，5～9月08:00～18:00，齋戒月09:00～17:00
全票為花園Dh70，博物館Dh30；學生票均半價
可步行、搭Taxi或馬車
www.jardinmajorelle.com
P.72

羅勒花園裡種植有1,800種仙人掌、棕櫚樹和熱帶奇花異草。這個花園像一幅色彩鮮豔的圖畫，花盆、走道及柏柏爾族文物館，全都漆上了最亮麗獨特的「馬若爾藍」(Marjorelle Blue, 摻鈷cobalt的藍)，並且搭配金黃色和酒紅色的裝飾。

花園於1947年起開放給大眾參觀。後來該花園由聖羅蘭(Yves Saint Laurent)和皮耶・貝爵(Pierre Bergè)收購整修。聖羅蘭於2008年過逝，園內有YSL紀念館。而亞克・羅勒(Jacques Marjorelle)的畫室也被改裝為博物館。內藏有聖羅蘭收集的北非珠寶、柏柏爾人服飾，及伊斯蘭藝術品。

1.3.羅勒花園最早是亞克・羅勒的私人畫室／**2.**羅勒花園種有各類的熱帶奇花異草

沙漠小知識

十七世紀前的撒哈拉「絲路」

自西元三世紀起，撒哈拉沙漠的駱駝商隊(Desert Caravans)就行走在類似「絲綢之路」的古商道之上，它們被稱為「跨撒哈拉貿易路線」(Trans-Saharan Route)。

早期，這是一條介於地中海區域與古蘇丹王國之間的貿易路線。他們從撒哈拉北方運送鹽、金屬器具、紙、衣服和珍珠之類的物品到南邊的非洲。然後他們又從非洲帶走黃金、象牙、鴕鳥羽毛和奴隸，轉運到歐洲和黎凡特(Levant)。

通常，每支駱駝商隊平均擁有1,000多頭的駱駝。根據紀錄，歷史上曾經有一支商隊竟然擁有12,000隻的駱駝呢！由於地理環境險惡，穿越沙漠的行程必須要有周全的計畫和足夠的物資人力。

「跨撒哈拉貿易」在西元八世紀時到達鼎盛時期，直到十七世紀才逐漸沒落。

皇城 2

拉巴特 世界遺產

古典與現代並蓄的世界遺產首都

Rabat

摩洛哥國王穆罕默德六世在各大城市裡都有皇宮。然而，他最主要的皇宮就設在拉巴特(Rabat)。自從1956年摩洛哥獨立建國以來，拉巴特就一直都是摩洛哥的首都。在摩洛哥，只要看見掛滿國旗的地方，就知道國王今日已駕臨了這個城市。

白色的拉巴特，帶著濃厚的學術氣息，因此這裡也被稱為「知識之城」。

拉巴特連同附近的塞拉(Salè)和肯尼特拉(Kènitra)三個衛星小城組成了一個行政三角區。它的公共設施現代又進步，通往塞拉有電車，通往肯尼特拉和卡薩布蘭加的火車則是很高的雙層車廂。

可惜，遊客對拉巴特常「過門而不入」。其實，拉巴特因為沒有像觀光區那種纏人的商賈，在街市(Souk)購物沒有壓力，更能體會到真正的阿拉伯氣氛。烏達雅城堡、舍拉廢墟、哈珊清真寺，及穆罕默德五世陵寢等亦值得一遊。

拉巴特兼具皇城的古典優雅，也有整潔又現代化的設施，因此2012年它被列入世界遺產。

1.從烏達雅城堡鳥瞰拉巴特(圖片提供：Pink/from Pixnet)／**2.**穆罕默德五世大道兩側是高築的白色大樓

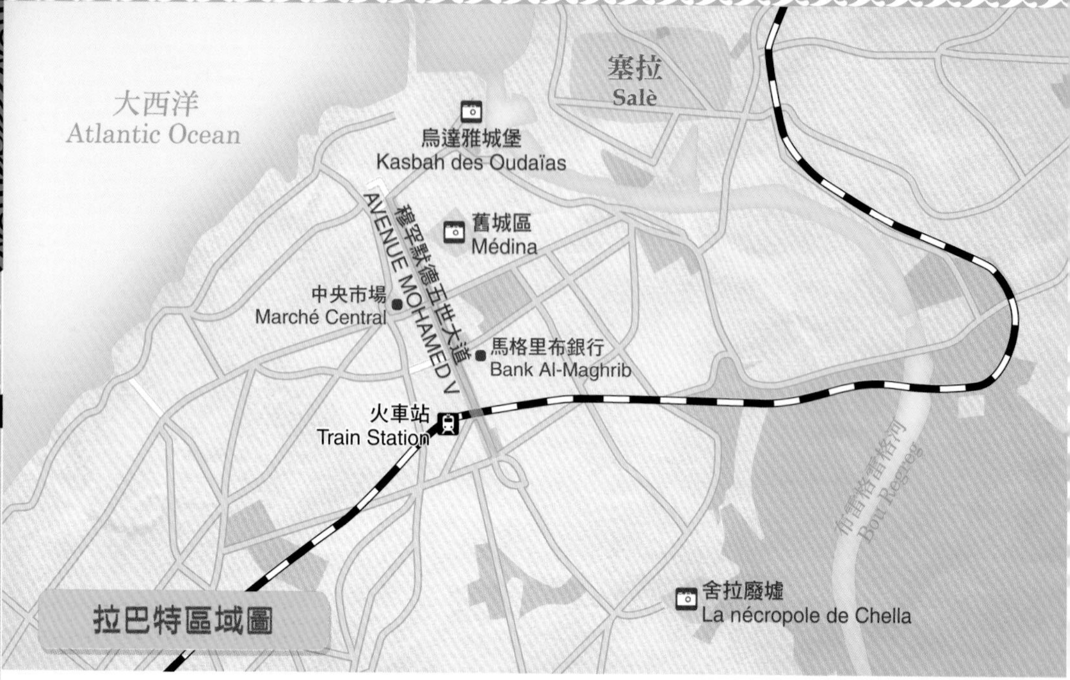

拉巴特區域圖

大西洋
Atlantic Ocean
塞拉
Salè
烏達雅城堡
Kasbah des Oudaïas
舊城區
Médina
穆罕默德五世大道
AVENUE MOHAMED V
中央市場
Marché Central
馬格里布銀行
Bank Al-Maghrib
火車站
Train Station
布雷格雷格河
Bou Regreg
舍拉廢墟
La nécropole de Chella

拉巴特周邊景點

舊城區 / Medina

從穆罕默德五世大道(Ave. Mohammed V)走到火車站，只見道路寬敞，棕櫚成行。兩側有高築的白色大樓，一切井然有序。這條路上有數間書店和舊書攤，間間藏書甚豐，很值得花時間去淘寶。

大道一直走到底，就來到了舊城區。舊城區裡的貨物種類繁多又便宜，可以品嘗到當地人喜歡的小吃。路旁店家有賣烤雞、烤羊肉串的攤販，還有幾家門口擺著一顆顆蒸過的羊頭，他們賣的是羊頭肉和羊腦。

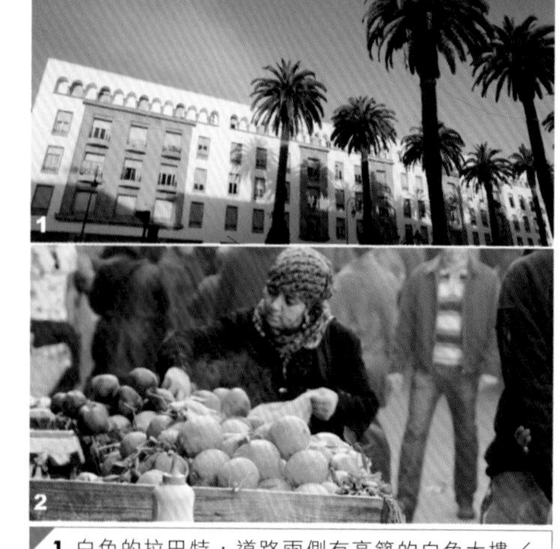

1.白色的拉巴特，道路兩側有高築的白色大樓／**2.**拉巴特的古城區，在此購物沒有壓迫感

烏達雅城堡
Kasbah des Oudaïas

✉ 在Rue des Consuls路旁，Rabat
🕘 24小時
$ 免費，手工藝博物館Dh10
➡ 可自駕、搭計程車，或參加1日遊
http 可參考www morocco.com/attractions/kasbah-de-oudaias MAP P.76

在拉巴特的西北角有一座建於十二世紀的古城堡，它就是烏達雅城堡。

城堡位於布雷格雷格河(Bou Regreg)注入大西洋的交叉處，範圍約4公頃。如今城內仍有居民和販賣紀念品的店家。居民住家隱於長巷之中，它們的牆壁大都漆成上白下藍，甚為好看。此外，城內還有一座安達魯西亞花園(Andalucian Gardens)，園內樹木成蔭。城牆外是壯闊的大西洋美景，這裡可以遙望塞拉市(Salé)，也是看海的好地方。

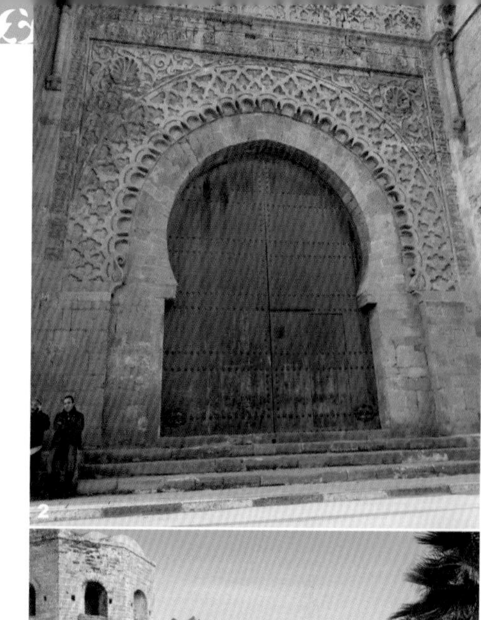

1.蒼穹下的烏達雅門，古老而優雅(圖片提供：Pink/from Pixnet)／**2.**達雅門，古老而優雅(圖片提供：Pink/from Pixnet)／**3.**從烏達雅城堡鳥瞰拉巴特(圖片提供：Pink/from Pixnet)

舍拉廢墟
La nécropole de Chella

✉ 在Yacoub al-Mansou大道與Moussa ibn Nassair大道的交叉處
🕘 08:30～17:30
$ Dh10
➡ 可自駕，搭計程車，或參加1日遊
http 可參考www.visitmorocco.com/en/rabat MAP P.76

舍拉廢墟位於新城的東南方，就在皇宮區薩爾門附近。

早在腓尼基時期，他們已在此建立市場。西元40年，古羅馬占據舍拉，他們的海軍也進駐此城。馬林王朝(Marinids)時，這裡曾經是皇陵所在。如今，這座廢墟成為鸛鳥(stork)的築巢佳地。而此處最值得一提的是「聖鰻池」，據說，摩洛哥婦女若是帶著熟雞蛋來此餵鰻，回家後就會懷孕。

世界音律節
Mawazine Festival

每年舉辦的「世界音律節」就在拉巴特，吸引來自世界各地的音樂家和演藝名人。2013年，曾經有250萬人參與盛會。

皇城3

舊菲斯

穿梭古樸具魅力的迷宮巷道

Fès el Bali

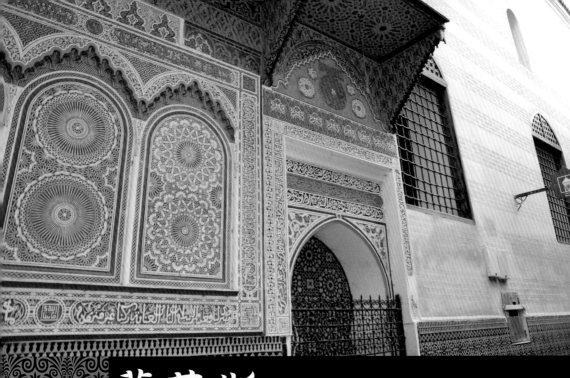

舊菲斯，亦稱菲斯巴里(Fès el Bali)，是一個充滿魅力的地方。這裡無車可代步，只能慢慢徒步去發掘它的美。

若是你從藍門(Bab Bou Jeloud)進城來，往左邊的路叫大坡道(Talaa Kebira)，往右邊的路叫小坡道(Talaa Seghira)。

大坡道的前半段是菜市場，賣的是活雞、乳鴿、兔子，還有大把的朝鮮薊和薄荷。加上堆積如山的橄欖、椰棗和無花果，這些都是摩洛哥人的日常生活所需。

藍門後是個小廣場，這裡有遊客們喜歡留連的餐廳和咖啡店。

石板坡道上有各類行人，還有渾身背負瓦斯桶的小毛驢，偶爾會有人高喊：「Balak！」(小心，快讓開！)

大小坡道在奈加因廣場(Place an-Nejjarine)交會，再繼續往下走就會來到幾處景點，

背負瓦斯桶的小毛驢是舊菲斯常見的景觀

如：卡拉維因大學清真寺、穆來依德里斯二世陵寢、提雅尼陵寢清真寺、阿塔林香料市場，以及觀光客必訪的鞣革製作工場。

舊菲斯共有8個城門，9,400多條小巷，光是在舊城(medina)裡面就住有30萬人口。偶爾，黑暗的泥巷胡同內，在土樓與石板巷道的盡頭還隱藏著一所小學校。

1.大坡道的下坡段大都是商店／**2.**舊菲斯的石板坡道很有韻味，這裡無車可代步／**3.**波伊那尼亞學院對街的水鐘有12扇窗／**4.**藍門，是通往菲斯巴里的8個城門之一

沙漠小知識

菲斯人只和菲斯人通婚

「菲斯人」(Fassi)是來自菲斯(FÈS)、出身良好、受過高等教育、家勢中上的階級。Fassi只和Fassi通婚，正是所謂的：「Fassi + Fassi = Fassi／The rest is not a problem.」。

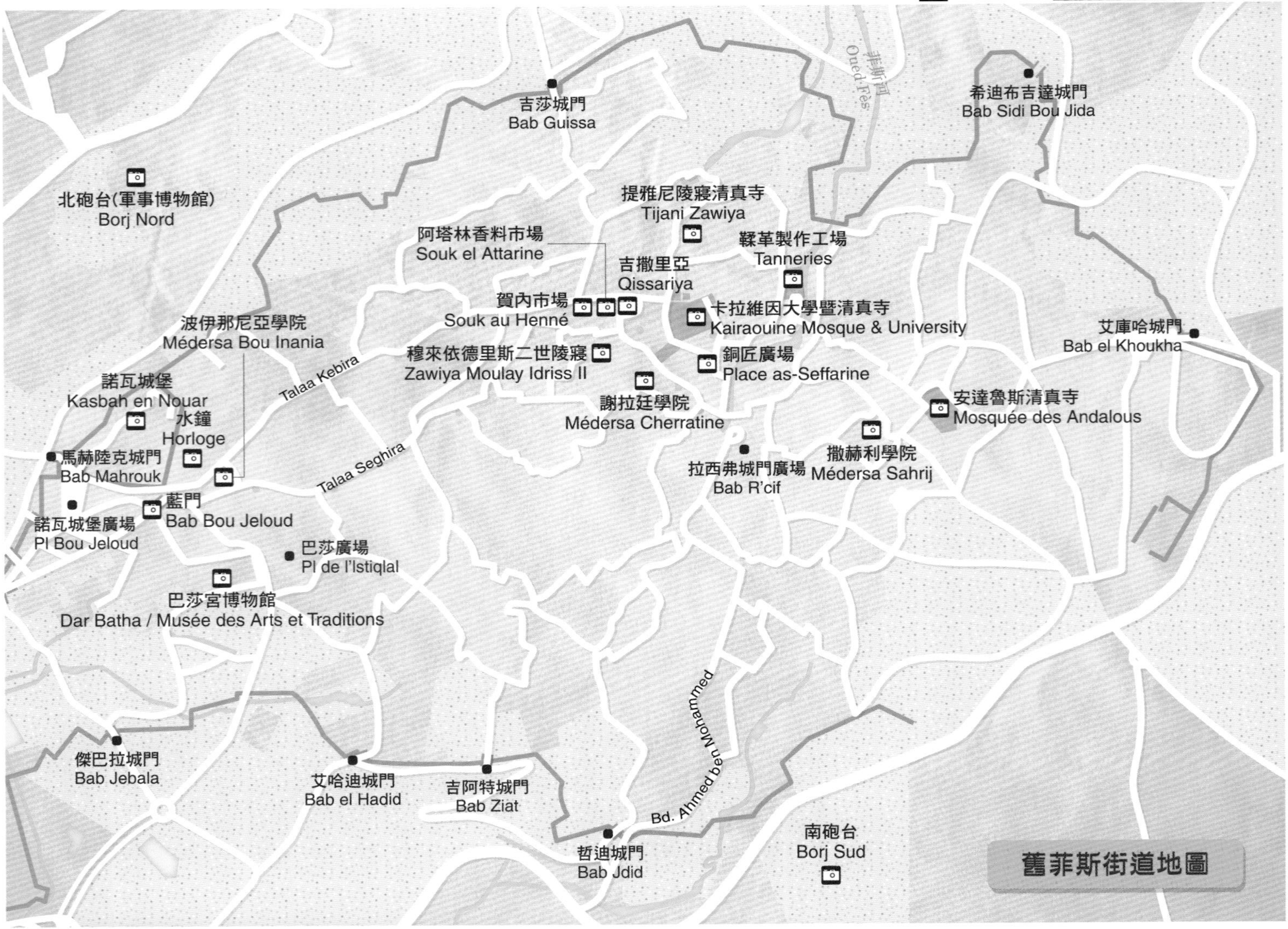

舊菲斯街道地圖

菲斯河
Oued Fès
希迪布吉達城門
Bab Sidi Bou Jida
吉莎城門
Bab Guissa
北砲台(軍事博物館)
Borj Nord
提雅尼陵寢清真寺
Tijani Zawiya
阿塔林香料市場
Souk el Attarine
鞣革製作工場
Tanneries
吉撒里亞
Qissariya
賀內市場
Souk au Henné
卡拉維因大學暨清真寺
Kairaouine Mosque & University
艾庫哈城門
Bab el Khoukha
波伊那尼亞學院
Médersa Bou Inania
穆來依德里斯二世陵寢
Zawiya Moulay Idriss II
銅匠廣場
Place as-Seffarine
Talaa Kebira
諾瓦城堡
Kasbah en Nouar
謝拉廷學院
Médersa Cherratine
安達魯斯清真寺
Mosquée des Andalous
水鐘
Horloge
馬赫陸克城門
Bab Mahrouk
Talaa Seghira
撒赫利學院
Médersa Sahrij
拉西弗城門廣場
Bab R'cif
藍門
Bab Bou Jeloud
諾瓦城堡廣場
Pl Bou Jeloud
巴莎廣場
Pl de l'Istiqlal
巴莎宮博物館
Dar Batha / Musée des Arts et Traditions
Bd. Ahmed ben Mohammed
傑巴拉城門
Bab Jebala
艾哈迪城門
Bab el Hadid
吉阿特城門
Bab Ziat
南砲台
Borj Sud
哲迪城門
Bab Jdid

舊菲斯及周邊景點

卡拉維因大學暨清真寺
Kairaouine Mosque & University

卡拉維因大學暨清真寺建校於859年，是眾人公認世界上僅存、最古老的大學。

這間大學由突尼西亞人Fatima al-Fihri出資建立，十二世紀穆拉維王朝(Almoravid Dynasty)時再度擴充其規模。它的清真寺大廳可容納兩萬多名信徒。大學裡教授伊斯蘭宗教法、科學及古老阿拉伯文法，也教英文、法文之類的課程。

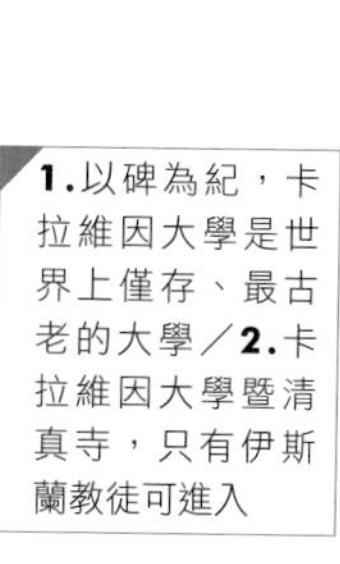
1.以碑為紀，卡拉維因大學是世界上僅存、最古老的大學／2.卡拉維因大學暨清真寺，只有伊斯蘭教徒可進入

穆來依德里斯二世陵寢
awiya Moulay Idriss II

1.2.穆來依德里斯二世的陵寢相當華麗

穆來依德里斯二世創建菲斯城，對於菲斯人而言，「穆來依德里斯二世陵寢」就是整個菲斯的中心。

只可惜，非穆斯林只能伸長頸項探望，無法走進入大廳裡去欣賞它那華麗的磁磚裝飾。

提雅尼陵寢清真寺
Tijani Zawiya

提雅尼教團的創立者是西迪阿邁德·提雅尼(Sidi Ahmed al-Tijani)。提雅尼於1737年出生於阿爾及利亞，於1815年逝世於菲斯。

到提雅尼清真寺朝聖的蘇非教徒除了摩洛哥當地人外，不少教徒來自撒哈拉國家，如馬利、尼日、查德等地。

1.提雅尼教團的創立者是西迪阿邁德・提雅尼／**2.4.**提雅尼陵寢清真寺是蘇非教派的殿堂／**3.**蹲踞在提雅尼陵寢清真寺前的老人

拉西弗城門廣場
Bab R'cif

拉西弗城門附近有該城的水利局。自古，菲斯人(Fassi)就以他們的供水系統為榮。光是舊菲斯就有60座公眾水泉的汲水台(seqqaya)。菲斯人從菲斯河引進河水，建設運河水道，挖掘人工湖，利用陶製水管將水輸送到全城各處的汲水台。這些汲水台通常在清真寺附近，他們利用馬賽克拼花磁磚藝術(zellij)將汲水台裝飾得十分美麗。

舊菲斯有60 座公眾水泉的汲水台

鞣革製作工場 Tanneries

鞣革製作工場位於銅匠廣場之東，通常遊客們會在上午最繁忙時來此參觀革染的流程。雖然氣味惡臭刺鼻，各種色彩的大染缸仍然十分吸睛。

1

1.2.遊客到鞣革製作工場，看的是色彩繽紛的大染缸(圖片提供：小魚)

阿塔林香料市場、吉撒里亞、銅匠廣場 Souk el Attarine、Qissariya、Place as-Seffarine

顧名思義，香料市場內的巷弄裡，家家戶戶都是香料店。除了乳香沒藥外，他們還賣黑那(Hena)、玫瑰茉莉以及無數種的香料精油。

在吉撒里亞，每家店鋪裡都擺飾了琳琅滿目、光彩奪目的珠玉寶石；有繡滿金線的長袍腰帶，有鑲著碎鑽的皮拖鞋。看來，有錢的菲斯人也會在宗教服飾上較勁炫富。

在銅匠廣場，到處充滿了叮叮噹噹、敲打金屬器皿的聲音。據說，這些銅銀工匠的祖先早在菲斯建城時已在此立足，足見其年代之古老。菲斯是摩洛哥大宗銅銀手工藝品的重鎮。

沙漠小知識

乳香與沒藥的由來

聖經上記載，東方三博士送給初生耶穌的三樣禮物就是：黃金、乳香和沒藥。

乳香(frankincense)是乳香木的樹脂，產於索馬利亞、葉門、阿曼一帶。

乳香也是天主教和猶太教在聖殿經常薰燃的香料，而且具有消炎、鎮定、抗菌等多種療效。

沒藥(Myrrh)是沒藥樹的樹脂，生長在沙漠邊緣或是極為乾燥的地方。它可以療傷、驅蟲、抑菌、緩和病痛、淨身和保健。

皇城 4

梅克內斯

有「多牆之都」之稱

Meknès

為什麼梅克內斯(Meknès)會被叫做「多牆之都」呢？那是因為它有許多已完成和未完成的圍牆，長長短短，加起來大約有40多公里。

梅克內斯城裡的3道主要城牆將皇宮密實的包圍在裡面。其實，宮牆內大片的空間都是花園或是用來安置守衛站崗。蘇丹穆來伊斯邁(Sultan Moulay Ismail)建築了數道「銅牆鐵壁」，主要是在防禦外敵入侵與保護皇族的隱私。

哈丁廣場(Place el-Hedim)的對面是著名的曼蘇城門(Bab el-Mansour)，再往前去就是皇城區。皇城很大，約700多公頃。如今，馬克真宮(Dar el Makhzen)仍然完整，但是巴卡宮(Dar al Baqar)早已傾圮成為廢墟。

進入皇城的雙線道馬路夾在兩面高牆之間。土城牆約3公尺厚，12公尺高，2公里長。這條皇道既長且寬，古色古香，應該是拍攝電影的絕佳場景。

1.3.梅克內斯有重重城牆，又稱多牆之都／2.皇道夾在兩面高牆之間，既長且寬

梅克內斯位置圖

弗露比利斯 Volubilis
聖城穆來依德里斯 Moulay Idriss Zerhoun
Barrage Sidi Chahed
舊菲斯 Fès El Bali
菲斯 Fès
梅克內斯 Meknès
往拉巴特 To Rabat
N13
N4
N6
A2

沙漠小知識

從非洲引進的「黑守衛」

穆來伊斯邁窮兵黷武之際，曾經設立一支軍隊叫「黑守衛」(Black Guard)。

這四萬多名黑人士兵是穆來伊斯邁從撒哈拉沙漠以南的非洲引進的。士兵們被訓練成一支忠心耿耿的禁衛軍，士兵的家屬則在宮中當侍者。

3

梅克內斯周邊景點

皇家馬廄
Heries- Souani

- 在穆萊伊斯麥陵寢東南方2公里處，Meknès
- 09:00～12:00，15:00～18:30
- Dh10
- 可搭馬車或計程車，或參加1日遊
- 可參考www.morocco.com/blog/royal-stables-in-meknes

蘇丹穆來伊斯邁酷愛駿馬，曾經為他的500多匹阿拉伯血統良駒們建了有「空調」的皇家馬廄。如今，這些夯土馬廄的屋頂已經傾塌。

皇家馬廄前有一個人工湖叫「草場蓄水池」(Agdal Reservoir , Sahrij Swani)，專供皇城使用。它的水是從25公里外築渠引進來的。

許多電影都曾經在皇家馬廄拍攝取景

梅克內斯近郊景點

弗露比利斯
Volubilis

- 梅克內斯近郊，距菲斯約70公里
- 09:00～12:00，14:30～18:00
- 全票Dh20
- 可自駕或參加菲斯及梅克內斯的1日遊
- whc.unesco.org/en/list/836
- P.85

弗露比利斯位於梅克內斯(Meknès)北方約33公里之處。早在西元前三世紀，這裡就有腓尼基人居住。後來它成為古羅馬屬國，一度極為繁榮。當時，弗露比利斯有希臘人、柏柏爾人、敘利亞人和猶太人，他們之間用拉丁語交談。

1887年，經過法國考古學家馬丁尼耶(Henri de la Martinière)的努力挖掘，弗露比利斯廢墟才重現在世人眼前。

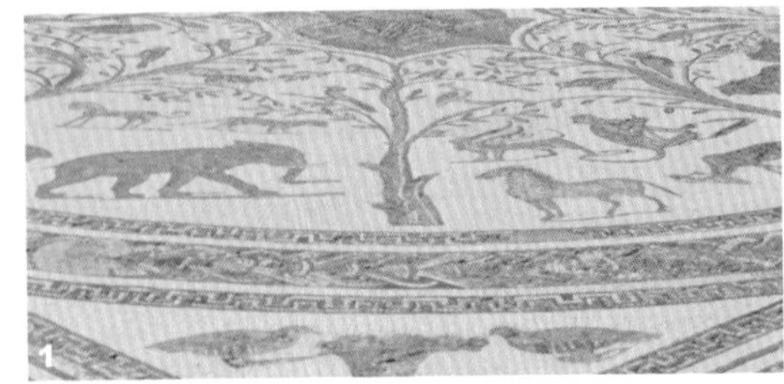

1

1.弗露比利斯，鋪在地面上的馬賽克拼圖／**2.**古羅馬時期留存下來的石柱廊道／**3.**位於弗露比利斯的廢墟／**4.**聖城穆來依德里斯(Moulay Idriss Zerhoun)，位於弗露比利斯附近

沙漠小知識

飛越萬里大漠的鸛鳥

鸛鳥的阿拉伯文名稱叫「拉戈拉戈」(Laqlaq)。此鳥聒噪不休，但是實際上，那些如同在掃射機關槍的聲音，都是鸛鳥們用尖喙在互啄問候時所產生的。

鸛鳥(Stork)，又被稱為「送子鳥」。在丹麥傳說中，每個嬰兒都是裝在布袋裡，由鸛鳥啣著從煙囪送進家裡的。古埃及人和希臘人則相信鸛鳥與靈魂有關。

鸛鳥8月時於歐洲交配繁殖，自9月起便飛過直布羅陀海峽，前往撒哈拉沙漠和更溫暖的非洲南部過冬。

鸛鳥在石柱頂端築巢

住宿也是一種旅行

享受正統摩洛哥傳統庭院住宅

摩洛哥傳統住宿

遊客到摩洛哥，住宿除了一般的Hotel之外，也有像riad、Dar、ksar和kasbah這類民宿型的房子可供選擇。

Riad和Dar是傳統摩洛哥家庭式建築，這類住家通常密集在摩洛哥的四大皇城，即菲斯、馬拉喀什、拉巴特和梅克內斯等城市的舊城區裡。由於riad和Dar年久失修，不少商家或外國人就買下它們，再改裝成住家、遊客旅館或餐廳。

特色1 外觀低調，內部精緻

因為興建riad或Dar的主要目的是在保護家人的隱私，房子外觀一點也不顯眼，不開窗戶，只留一道小門出入。房子內部則裝修得十分精緻。

特色2 中央有天井，阻擋沙塵和熱氣

Riad和Dar通常有數層樓高，中央有小天井，是家人乘涼休息，小孩玩耍的地方。這樣高聳密閉的建築形式，可將沙塵和熱空氣阻擋在外。一到夜晚，冷空氣下降到天井，也能替大家帶來清涼。

特色3 底層廳房梁柱雕飾精美

多數房子的底層有兩間相對的廳房(salon)，也有個無門的小房間用來招待客人。廳房窄長，天花板很高，通常梁柱和牆腳都有雕刻或鑲馬賽克的貼飾。

有些廳房設在二樓，房前有狹窄的走道，走道上有躺椅供人休息。一般廳房正門旁邊另開一小門，據說夏天小門是不關的，只垂下布簾，通風又可確保隱私。

特色4 頂樓陽台一覽摩洛哥市民生活

頂樓的陽台，因處高處，視野寬廣。這裡可以看見鄰家小妹在講手機，看見隔壁大媽和家人在揀豆子論八卦。這個角落可以一瞥摩洛哥人的基層生活。而且，每到穆斯林朝拜時間，全城的宣禮塔都齊聲誦唱「Allahu Akbar……」(伊斯蘭教的大讚辭)，此起彼落，熱鬧又莊嚴。

Riad和Dar的相異處

Riad在阿拉伯語是「花園」。因此，riad裡通常有一個小花園，中間是華麗的噴水池，四周植有橄欖樹或柑橘，花園裡則開滿鮮豔的花朵。

Dar只有一個天井。不過，天井裡會有一座精美的小噴水池。尺寸方面，Dar通常比riad大，房間也多。一般說，Dar比riad來得封閉，四周的房間都只面對天井開窗而已。不過，Dar的房間外仍然有迴廊，可供客人在座椅上看書休息。據說，這是彷照從前的游牧帳幕，因為貝都因人喜歡坐在帳幕門口乘涼聊天。

還有，riad的房間裡沒有電視機。因為嚴格說，riad是住家，有電視機會干擾大家的安寧。Dar的房間裡則有電視。

有的riad十分古老，甚至可追溯到西元1760年。這些老房子在原址打掉，以原來的土磚為地基。因此，新riad的地面皆與街道同樣水平，舊riad的地面則低於街道地面。

雖然說riad和Dar的差異已逐漸模糊，但是riad的房價較高，一些Dar也叫自己為riad，僅在陽台擺些盆栽樹木和花草。

沙漠城鎮之旅

雖然摩洛哥在東方及東南方的疆土皆緊臨撒哈拉大沙漠，但是基於安全考量，目前適合觀光旅遊的沙海，只有梅祖卡的歇比沙丘和位於莫哈密的奇加加大沙丘。

至於那些想更深一層認識沙漠的讀者，我在此特別介紹了邊城烏季達，及擁有**20**萬棵椰棗樹的綠洲：扉季。這種邊陲地區的遊客比較少，卻有豐盛的民俗文化，消費亦不似觀光區那麼高，可以儘管悠閒的度假。

摩洛哥鄰近歐洲，近年來，它的旅遊業已發展成熟，交通住宿皆相當便利。因此，想到摩洛哥體驗沙漠，既可以詩情畫意，也可以很舒適豪華。

梅祖卡

沙丘之鄉，體驗大漠的起點

Merzouga

安排沙漠活動的重要據點

梅祖卡(Merzouga)又稱「摩洛哥的沙漠明珠」，是遊客前往撒哈拉最方便的據點。它的座標是北緯31度5分，西經4度0分(31° 5' 57" N 4° 0' 42" W)。

一般人會在梅祖卡住宿幾日，並且安排到沙漠的行程。如，騎駱駝、乘四輪傳動至沙丘間探險、滑沙，或者其他沙地活動。梅祖卡這個村落本身並沒有景點，但是這裡有小商店、網咖和較便宜的旅店，它也是遠程計程車的終點站。

遊客到梅祖卡從事的活動皆與歇比沙丘(Erg Chebbi)有關。歇比沙丘高達150公尺，南北距離50公里，東西距離5～10公里。整座沙丘還漫延至阿爾及利亞邊界。

1.在梅祖卡村落等待遊客的駱駝／**2.**歇比沙丘，黃沙漫漫

1.伊伯拉罕目送前吃早餐的駱駝／2.歇比沙丘，漫漫黃沙，有綠意就有水源／3.在歇比沙丘上騎駱駝，陽光拉出了長長的倒影／4.沙丘前，孤立著一株棕櫚樹／5.駱駝達人伊伯拉罕和他的朋友／6.駱駝們自動自發，排隊去吃早餐

浩瀚無際的大漠

一進入梅祖卡，孤獨的公路上只見大漠無垠無涯的向地平線伸展。不久，左側會出現一道杏紅色沙牆，它極不真實的孤立在沙漠的一角。那裡就是歇比沙丘了。繼續往前走，右邊出現白色的鹽盤沙地，此處曾經是大漠的湖底。遠方則是黑色的礫漠，蒼穹下，小型塵旋(dust whirl)正迴旋直上。這時路旁開始出現雜亂無章的旅館指標，有的招牌甚至指向蒼涼的漠地。這些位於梅祖卡村周遭的旅館極為分散，然而它們大都附有絕佳的沙丘美景。搭乘遠程計程車抵達梅祖卡時，可以另外加價給司機，請他專程送您到預訂的旅館。

撒哈拉氣溫在夏日裡可以飆高到攝氏55度，建議選擇春秋兩季旅行。倘若必須在酷熱的夏天來到梅祖卡，預訂住宿時應該考慮該旅館的冷氣是不是夠強。

建議在進沙漠前就預先訂好住宿及活動行程。若是沒有事先預訂，抵達梅祖卡時通常會引來一堆假導遊(faux guides)的圍攻。雖然他們只是想做生意，但是處理不好時會變成騷擾。

一般的旅館都會提供餐飲，他們也可以安排適合的沙漠行程。

沙漠小知識

前往梅祖卡的交通方式多樣化

由於梅祖卡的地理位置偏遠，在籌畫前往此區時所採用的交通方式必須較有彈性。

1. 找當地旅行社：大部分的遊客會在菲斯或馬拉喀什聯絡當地的旅行社，安排3日或多日到沙漠，住宿交通全包的套裝行程。
2. 自由行：若是選擇自由行，需預留寬裕的時日方能抵達梅祖卡。如果是從菲斯過來，可以搭摩洛哥鐵路局相關企業Supratours的巴士，到梅祖卡約7小時30分鐘車程，每天20:30發車。車票可在菲斯火車站旁的Supratours辦公室購買，但是建議至少提前一天預訂。馬拉喀什亦有Supratours的服務。(請參考黃頁簿P.214)
3. 共乘遠程計程車：也可在瑞薩尼鎮(Rissaani)與當地人共乘遠程計程車到梅祖卡，6個乘客到齊就發車，是不貴又便捷的交通方式。

2
3
4
5
6

撒哈拉沙漠初體驗

騎駱駝觀日出日落，賞沙丘

到梅祖卡，當然要上沙丘去玩玩，騎駱駝過過癮。

一般旅館會提供遊客兩小時的騎駱駝觀日出或賞落日行程。如果遊客選擇在沙丘間過夜，旅館也可以安排帳篷和早晚餐點。近年來業者競爭劇烈，沙丘間的帳篷營地已變得豪華舒適，有的甚至設有熱水淋浴和抽水馬桶呢！

然而，騎駱駝，並不像我們在電影中看到的那樣浪漫。

我第一次騎駱駝是在新疆吐魯番。新疆的駱駝是雙峰駱駝，撒哈拉的駱駝是單峰駱駝。記憶中，自己真的很有「騎駱駝的感覺」，是當駱駝猛然站起和跪落下來時的一剎那，大家都免不了一聲害怕的驚呼。

騎駱駝行程是否順利，就看駱駝個性了

真正騎駱駝是我第一次到摩洛哥旅行的事。那次我們從莫哈密走到列胡地沙丘(Erg Lehoudi)，10公里路共走了3個小時。因為是騎駱駝，當時我只能攜帶一個5公斤的小包袱和兩瓶礦泉水，它們就分掛在駝峰兩側的大草籃裡。草籃銳利的邊緣不時磨擦我的膝蓋，真是苦不堪言。我的座騎叫阿茲辣，脾氣古怪，牠只顧斯條慢理的照著自己的意願

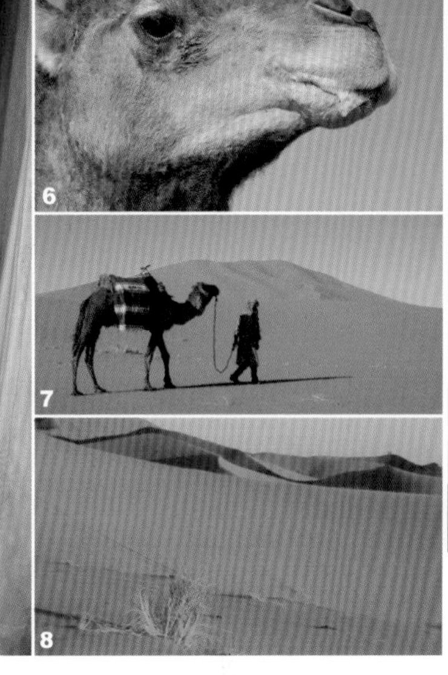

前進。而且，牠每一低頭，我整個身子就會往前傾，頓時失去了平衡。一到下坡，牠的腳總像是踩空般似的，幾次都差點兒害我來個倒栽蔥。這樣折騰了數小時，總算在我屁股還沒完全磨爛前，我們抵達了沙海間的帳篷營地。

其實，騎駱駝不必跨坐。我後來都改成側騎，如同英國淑女那般，倒是舒適又平穩呢！

1.遊客們喜歡騎駱駝到沙丘頂去觀看落日／**2.**行在歐比沙丘之上，漫漫黃沙如浪濤／**3.5.**位於沙丘間的帳篷營地，這裡也有豪華的臥室和熱水淋浴／**4.**在空曠的沙丘冠頂欣賞夕陽美景，卻是冷風刺骨／**6.**駱駝近距離特寫／**7.**晨曦中的駱駝達人，有他，騎駱駝一點也不難／**8.**沐浴在夕陽餘輝中的歐比沙丘，呈現出柔和的杏紅光彩

沙丘營地過夜，體驗大漠生活

這次在歐比沙丘騎駱駝的經驗，倒是讓人感到十分愉悅。司機兼導遊尤瑟夫用四輪傳動車帶我到柏柏爾人村落(Berber Desert Families Village)與我的駱駝管家伊伯拉罕接頭，然後由我的駱駝「Bob Marlei」載著我到沙丘營地裡去過夜。這隻駱駝不會欺負人，牠一個命令一個動作，乖得很。

柏柏爾人村落位於歐比沙丘邊緣，村人大都以養護駱駝為業。如今駱駝的功用不再是運輸貨物，而是載乘著遊客到沙丘去體驗道地的撒哈拉沙漠。

騎駱駝到我們的營地大約要4小時，行程包括到沙丘冠頂去觀賞落日。行在沙丘上和從遠處觀看沙丘，所見風景自是不同。風呼呼吹過，細沙刺得人皮膚癢癢的，放眼望去全是高低起伏、曲線玲瓏的沙丘。

我們在天色即將黑暗時抵達了營地。晚餐後，特別為遊客預備歌舞節目。然而，沙漠的夜晚，能有什麼娛樂比得上觀看滿天空璀璨的星星更美妙的事呢？

四輪傳動探險沙丘

四輪傳動一日行程為：卡姆利亞村－銻礦和石英礦場－到柏柏爾人家中作客－化石小山丘－午餐饗宴

搭乘四輪傳動車可以在短時間內拜訪大漠中不易抵達的偏遠處。

首站會先前往卡姆利亞村(Khamlia)去聆聽格納瓦音樂(Gnawa)。格納瓦音樂節奏分明，音律優美且充滿神祕感。居住此村的黑人音樂家的祖先來自塞內加爾(Senegal)。

曾因化妝品市場而興盛的銻礦和石英礦

第二站，車子接著開往銻礦和石英礦場(Khol Mine)。Khol是一種古老的化妝墨。在中東、北非、西非，甚至南亞印度，男女老幼自從遠古時代就開始使用這種由銻、硫化鉛，及其他香料(如玫瑰枝、黑橄欖、番紅花等)混合製成的化妝品。他們將Khol塗抹在眼瞼邊緣，勾勒出嫵媚風情。Khol除了美觀作用外，據說還可預防眼病，或抵禦「邪惡的眼睛」(Evil Eye)的詛咒。因此他們也替新生嬰兒描畫Khol黑眼線。

由於化妝墨相當受阿拉伯婦女的歡迎，為了因應市場需求，銻礦和石英礦場最初是由法國人投資開採。他們從西非引進黑人奴隸(也就是卡姆利亞村民的祖先)，在附近興築了村莊和礦工宿舍。然而這個Khol礦場最後因為經濟效益不佳，加上水源逐漸乾涸，法國老闆便決定撤資離去。

2

如今土牆村莊已是個空殼鬼城。歷史再次證明，要在沙漠裡存活若沒有固定的水源是不可能長久的。只是銻礦仍有市場需求，今日這個礦場已經換成摩洛哥人當家作主了。

到游牧民族柏柏爾人的帳篷作客

參觀過Khol礦場，第三站我們來到荒漠中一戶柏柏爾人的家中喝茶作客。

從前，住在撒哈拉沙漠裡的柏柏爾人大都是游牧民族，有帳篷的地方就是他們的家。帳篷是婦女用粗羊毛和駱駝毛混織而成，雖然隨時都能拆下遷徙，但十分牢固。如今經濟情況較佳的柏柏爾人不再將客廳廚房臥室全部集中在一頂帳篷裡，會在主帳篷旁另築小草屋當廚房，或再搭一頂小帳篷當臥室。

搭帳篷的地點都在水源附近，游牧柏柏爾人也畜養羊群和一些駱駝。近些年，沙漠中的人口日益增多，走沒多遠就可以看見柏柏爾人的黑帳篷。這些黑帳篷早已固定生根，半永久性的存在著。由於此處靠近阿爾及利亞邊界，軍警哨站也一大堆。

1

3

小山丘的化石，見證撒哈拉前身是海洋

在前往沙漠餐館用午餐前，我們爬上了一座布滿各色化石的小山丘。只要在化石層上澆些水，鮮明的圖案便浮現出大地歲月的變遷。這個無名村落的婦女孩童一見到遊客來了，一家人攜老扶幼，手裡挽著裝滿化石的籃子，全都匆匆爬上小山丘來向我們兜攬生意。

據說，撒哈拉沙漠在數千萬年前曾經是汪洋大海。如今自己親身來到沙漠，見到四處俯拾可得的海洋生物化石，不得不相信「滄海桑田」確有其事。這些化石中最常見的是貝殼類，呈螺旋狀。說來不可思議，撒哈拉沙漠直至西元6000年前仍然是個綠色世界呢！

美好的荒漠午餐饗宴結束行程

沙丘探險行程的完美總結是一頓豐盛午餐。

我們預訂了這間沙漠裡的餐館：Maison Boutchrafine，位於距厄富鎮10公里處的荒漠中。真不敢相信有人會把房子建在這種「前不見古人，後不見來者」，一個鳥不生蛋的地方。換句英文的說法就是「in the middle of no where」。

這間土造「餐廳+旅館」的男主人哈森(Hassan)是摩洛哥人，妻子依札絲昆(Izaskun)則來自西班牙。依札絲昆嫁到異鄉已有七載。我問她居住在此地是否會感到孤單？落寞的眼神，蒼涼的一笑，無語卻又千言萬語。

我懂她的心情。我也曾經是個外國妻子，在異地孤軍奮鬥了好些年。

午餐很豐盛，簡直是在「辦桌」。3樣小菜，茄子、黃瓜、番茄，全都用橄欖油、百里香、迷迭香、羅勒等香料浸泡燉煮過，再配上奶油乳酪(Cream Cheese)、雙煎金黃馬鈴薯、牛羊兩道肉類塔吉鍋。

能在這荒郊野外吃到如此精緻美食，哈森的廚藝不得不教人豎起大拇指。而此處居高臨下，360度的寬大視野，沙漠美景盡收眼底。只是四野茫茫，不見人煙，吃個飯還可以，若要在此長住鐵定會抓狂呢！

1.昔日繁華不再，銻礦場因為水源枯竭而如同鬼城／**2.**到沙丘間探險，一輛性能好的四輪傳動是必須的／**3.**柏柏爾人的帳篷，客廳廚房臥室全部集中在一頂帳篷之下／**4.**小毛驢孤單頹喪的站立在儲物用的小屋旁／**5.**可愛的撒哈拉小朋友，一看鏡頭就害羞的伸舌頭／**6.**從荒漠裡的餐館往外看，地平線的盡頭就是歐比沙丘群／**7.**水澆化石層上，昔日海底的貝殼就穿越時空再度呈現／**8.**海洋生物化石就隱藏在這些沙漠亂石中／**9.**男主人哈森用炭火烹煮出一桌美味的沙漠佳肴

沙漠行旅手札

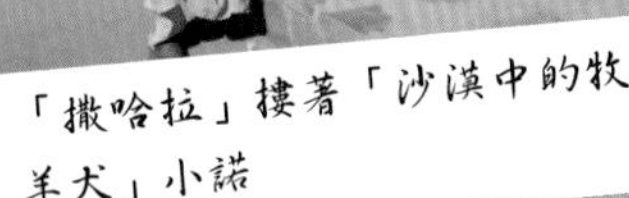

「撒哈拉」摟著「沙漠中的牧羊犬」小諾

「撒哈拉」的撒哈拉

一個住在撒哈拉沙漠，叫做「撒哈拉」男人的故事

馬杜民宿(Riad du Madu)靜謐得只剩下窗外輕輕嗚咽的風。

面對著180度雄偉的歇比沙丘群，視野毫無阻隔。我坐在泳池畔，享用廚房為我烹調的蔬菜燉飯，心想：這回真的是在沙漠裡了。舉眼望去，四野蒼茫，艷陽白花花的刺痛人眼，椅墊上浮蓋著一層薄薄細沙。

與撒哈拉男子初見面

隔天一早，廊下站立著一位頭纏桃紅色頭巾、身穿草綠色吉拉巴(Djellaba)、年輕又帥氣的男子。他說他是我的司機兼導遊，名叫尤瑟夫(Youseff)，但是眾人也叫他「撒哈拉」。

「撒哈拉」是柏柏爾游牧民族。10歲那年，他們全家從阿爾及利亞那邊搬過來梅祖卡村落定居。27歲的「撒哈拉」長得俊俏又高大，有沙漠導遊特有的不羈氣質和無所不知的魅力。他會講6種語言，但是他從沒上過學，也不識字。尤瑟夫的老師是來自世界各國的遊客。

「撒哈拉」說他是個Plastic Muslim。「塑膠做的回教徒？」

唉，幹他們這行的，成天接觸袒胸露背的西方女人。更何況，做導遊的工作時間不定，東南西北跑，到後來尤瑟夫連清真寺也不去了。然而「撒哈拉」的骨子裡還是誠信真主阿拉的。

認識「撒哈拉」的撒哈拉沙漠

「撒哈拉」以他能為我介紹他土生土長的撒哈拉沙漠為榮。我們向沙漠深處挺進，行經一片木麻黃樹林，驚見沙地上盛開著沙漠風信子(Desert Hyacinth, Cistanche Tubulosa)。沙漠風信子在中藥裡叫做「管花肉蓯蓉」，很能適應多鹽分、乾燥的漠地。它們看來像是低矮的仙人掌。藉此，我也和「撒哈拉」討論了沙漠水源的議題。

稍後，我們在一戶柏柏爾人的帳篷裡喝薄荷茶，見到廚房裡有一只盛水用的山羊皮水袋。「撒哈拉」觸景生情，憶起他在撒哈拉沙漠生活時的童年。他說：「記得我家裡也有這種水袋。那時候我們住在沙漠裡，父親經年在外放牧羊群和駱駝，一出門就10多天，甚至幾個月。母親獨守家中，一切都要靠自己。母親連生3胎都是自己切斷臍帶接生的。」

沙漠中長大的「撒哈拉」對撒哈拉的地貌瞭若指掌，開起車來，心中自有一塊羅盤。明明右手邊有一條柏油路，「撒哈拉」偏偏要橫度礫漠和小沙丘。

「那條公路建築了20年了。哼！路築到了荒漠中，半途就突然斷掉啦！」

什麼？

「不過，如今遊客想在大漠裡走失也很難了。」尤瑟夫喃喃道。

「為什麼？」我問。

「大家都有GPS衛星導航了嘛！」

正午時分，空氣裡最後一絲水氣也被炙烈的太陽吸乾了。極目遠望，除了「海市蜃樓」，就是荒漠。這裡真不是人住的地方啊！

「吃飯去吧！」

「撒哈拉」瀟灑的將方向盤打了個轉，我們便向北邊的厄富鎮(Erfoud)駛去。

1.沙漠風信子看似仙人掌，春天一場雨水就盛開了／**2.**馬杜民宿的游泳池畔，眼前是雄偉的歇比沙丘群／**3.**裝水的羊皮水袋，至今仍然相當實用

沙漠小知識

撒哈拉的「道金術」

沙漠缺水，但是只要有植物生長處，地底下八九不離十都可以找到水。有趣的是，沙漠人尋找水源竟然和英國人的「道金術」(Dowsing)尋水方法類似。他們也利用Y字或L字叉口樹枝所產生的能量來占卜。一旦感應到樹枝下垂或顫動時便趕緊往下鑿井。

烏季達

聞名的邊陲重鎮

Oujda

啟程，向東行直到邊界

Voie 5，第五月台，菲斯(Fès)火車站。

開往烏季達(Oujda)的火車準時在早上10點45分駛出月台。

車廂連接著車廂，火車笨重卻堅決的、努力向東行去。它蜿延迤邐行在大漠裡，宛如一條慵懶的大蛇，不疾不徐的前進。鐵道的左側黃沙垠垠，右側則是白雪皚皚的里夫山脈(The Rif)。

從菲斯到烏季達這6小時的火車行程，由人口密集的菲斯出發，景色逐漸轉變成稀疏的農舍，然後就進入了蒼茫無邊的礫漠。過了Taza車站， Al Agreb、Oued atuli、Taourirt這些小車站都只是孤伶伶的小破屋子兀立在鐵軌旁。一兩個乘客下了車，跨越過鐵軌，便迅速的隱入荒野中。

摩洛哥鐵路局(ONCF)派遣出差的員工也經常搭乘自家免費的火車去旅行，我數次搭乘ONCF就認識了幾個。而此刻橫躺在我座位前的是一位巨大的摩洛哥女人，她口裡正吹吐著泡泡口香糖。胖女人包頭包頸，穿著及踝的卡夫坦。但是肥肉將衣服往上擠提，卡夫坦裙下就不經意的露出一雙宛如削足適履、過緊的黑皮靴。查票員禮貌地敲門走進來，胖女人舉起她手上的pass搖晃兩三下，證明了她也是一名ONCF的職員。

胖女人稍後在Taourirt那一站下車，然後偌

1.烏季達火車站，它是摩洛哥東向鐵路的終點／**2.**過了烏季達，再深入沙漠就須搭乘長途巴士／**3.**從Hotel看出去，窗外是寧靜的邊城烏季達

大車廂裡就只剩我一人了。車行至此，除了輾壓在鐵軌上的吭隆吭隆聲響外，整個大地似乎也變得噤啞無語了。

是的，這裡離邊界不遠了，離沙漠也更近了。

邊城烏季達，曾是四方錙重要塞

烏季達，是一個讓人第一次聽到就會感覺特別熟悉的名字。它的歷史與它的十字路口地理位置息息相關。烏季達是摩洛哥東向鐵道的終點，兩公里外即抵達邊界。很明顯的，烏季達這座邊城自古就掌扼了東西南北各向要道。

在西元十世紀時，默亨尼德(Merenids)部落已在此建城。1907年，法國強占烏季達之後更將之發展擴大。

這座邊城分為新城和舊城(medina)。舊城在穆罕默德大道(Mohammed Derfoufi)上，也靠近遍植巨大棗椰樹的8月16日廣場(Place du 16 Aout 1953)。沿著大道和廣場有不少著名的咖啡廳。花個20元台幣買杯咖啡，你就可以坐在廊下看人發呆一整天。

舊城裡有個傳統市場，攤販賣肉賣菜，還有賣香料、衣物、日常用品的商店。路旁有小板車，出售巴掌大、艷紅多汁的草莓和紫色帶毛刺的仙人掌漿果。近午時，燒烤店外掛著一列剛出爐、香噴噴的烤雞。另一頭則是旋轉烤肉(Kebap)。

出了舊城區城門是一個廣場。廣場的另一頭是城門阿嘎比(Bab Algharbi)，它的對面是大清真寺。廣場上，一群人高舉標語牌正在喊口號抗爭，旁邊圍著觀望的軍警車輛。

自1994年邊界關閉之後，烏季達就沒落了，失業率也飆高達18%。

扉季

撒哈拉沙漠裡的碧綠明珠

Figuig

啟程，前往扉季

從烏季達到扉季(Figuig)必須搭乘長途巴士，車程大約7個小時。建議提前一天去巴士總站買票，以免向隅。巴士總站就在麥當勞廣場對面。

大清早，沙漠陽光已然刺眼，窗外的景致卻教人忍不住要去掀開那厚重的窗簾。沿途只見杏花稀疏的在果園裡掙扎綻放，不久，窗外最後一點的綠意也全然消失殆盡。偶爾，一隻黑毛驢獨佇礫漠裡，低頭啃著似有若無的草根。一棟雙層磚樓，不知何種原因，建到一半便廢棄了，像個空殼架子般，座落在無垠漠地裡。

車行兩個多小時之後，巴士便在馬沓山泉(Ain Beni Mathar)的加油站稍作停留。這時大家趕緊下車伸伸腿、上廁所，或是飲一小杯甜膩的薄荷茶。

又許久之後，巴士停靠在一個叫恬卓拉(Tendrara)，類似「荒野大鏢客」的小鎮。若說它是個「鎮」有些誇張，它有的僅是一條直直長長的大街。路兩旁築有簡陋的土磚房，放眼過去，見不到半棵樹，大地純粹是一片的赭紅色。

1

巴士的右側是馬沓山泉的小咖啡館

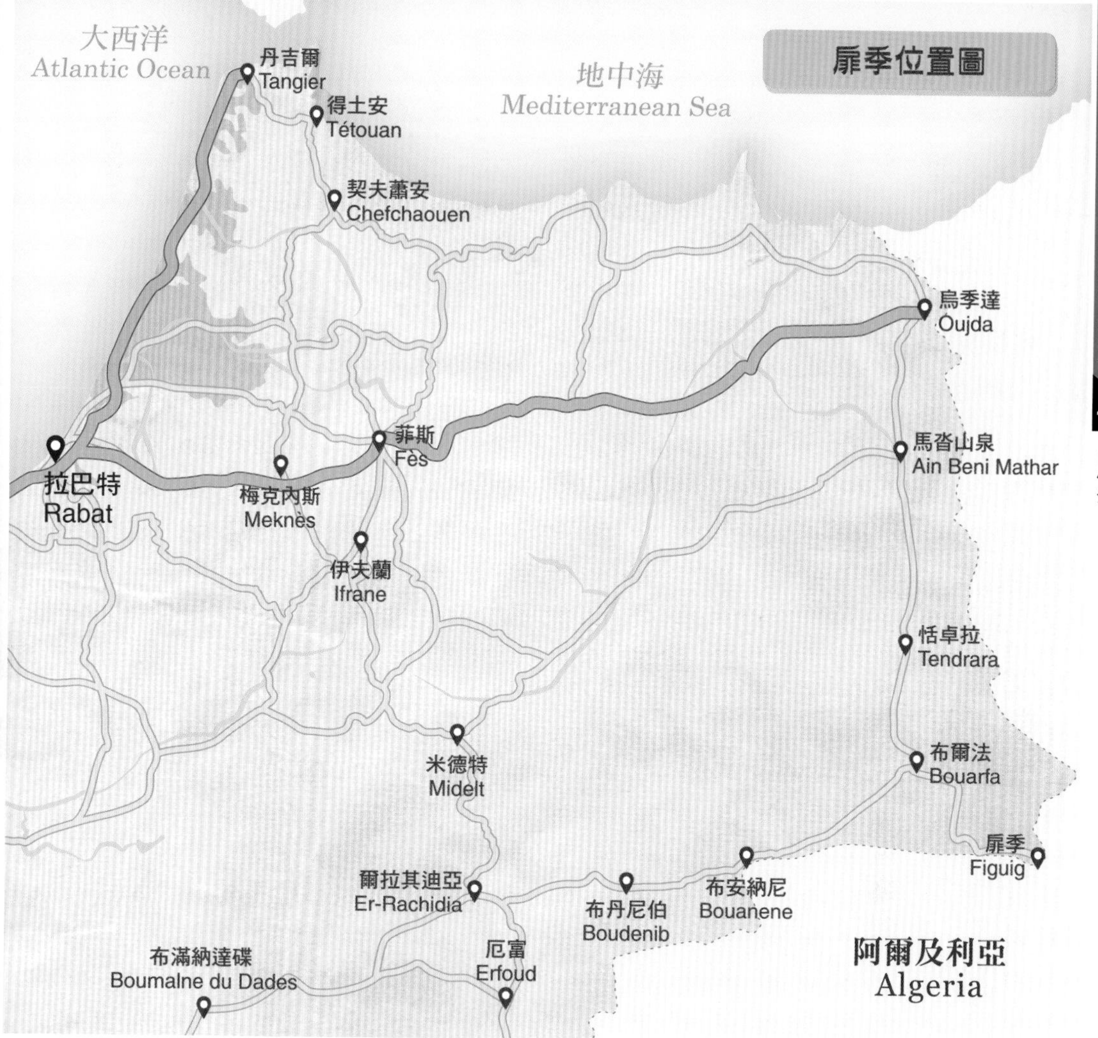

然後，我們抵達了南北轉運站布爾法(Bouarfa)，再向東行轉進扉季所在的東部行政區(Oriental Region)。自此公路兩旁荒涼寂寥，左右皆是礫漠，偶爾可見山努爾(Channoud)像一顆顆的「綠西瓜」散布在貧瘠的大地上。山努爾是一種苔蘚類，雨季後才突出大漠地表。

筆直的公路穿行越過大漠，兩側的拉瑪山脈(Jbel Lahmar)山石光禿嶙峋，山與漠地之間偶爾揚起一陣黃濛濛的沙塵，磅礴間帶著一絲蒼涼。

突然間巴士停住，我們來到了第一個軍事路障，邊境警察在此檢查護照和簽證。之後，在進入扉季前，我們又來到第二道軍事路障，這裡設有拒馬和層層關卡。

20萬棵椰棗林活絡扉季

1

扉季原本是一扇開向阿爾及利亞的大門。1994年摩洛哥和阿爾及利亞鬧僵了，邊界大門也就塵封至今。

看看地圖，扉季就像是一支大槌榔頭突入阿爾及利亞境內，怪不得此處的山頭布滿了摩洛哥的炮台與軍事哨站。然而整個扉季卻又是如此的安祥寧靜，聞不到一絲硝煙味，偶爾會在路上碰到一兩個笑容可掬的軍人。

扉季是撒哈拉沙漠邊緣的一顆碧綠明珠，從前它是駱駝商隊前往麥加聖地的一個重要驛站。

扉季種植有20萬棵椰棗樹，綠洲裡密密麻麻遍布著明渠，以及如同新疆「坎兒井 」的灌溉系統。扉季人靠著老祖宗留下的大片椰棗林，日子過得還算舒適。每年一到秋天，串串蜜棗垂掛在椰棗樹頂端。這時從外地湧進大批工人來幫忙收割椰棗，霎時間整個扉季就活過來了。

上扉季與下扉季

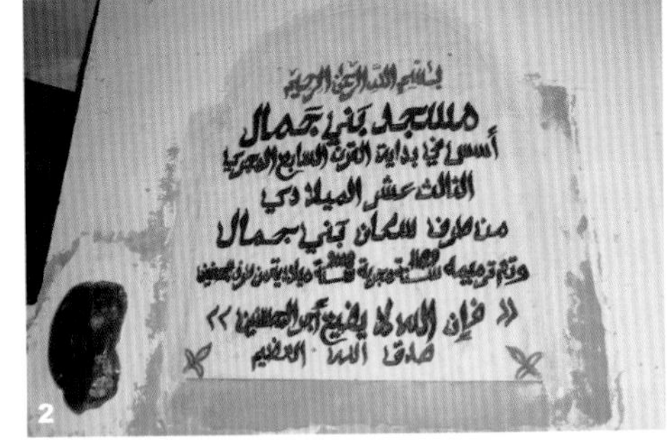

2

3

扉季分成兩部分，以「扉季旅館」所在的懸崖為分界。上扉季(Upper Figuig)是商業行政中心，下了陡坡就是臨靠邊界的下扉季(Lower Figuig)。懸崖頂的「扉季旅館」(Hotel Figuig)歷史悠久且地理位置甚佳，從房間小陽台可以盡覽180度的無敵綠洲美景。整個扉季共分有7個村落(Ksar)，其中以「下扉季」的珍納加村落(Ksar Zenaga)面積最大、人口最多。

仲夏時節，沙漠炎熱萬分，村落之間的泥磚屋皆以陰涼昏暗的長廊串聯在一起。長廊兩側則設有泥禢供人休息，就連小清真寺也隱藏在長廊的深處。

綠洲世家的恩怨

珍納加村落裡有幾戶大富人家，這些土豪們常為灌溉用水的分配而明爭暗鬥。最常見的伎倆是「挖人牆腳」，而且是用水挖。

綠洲裡的建築物大都是粘土混合棕櫚葉柄的土塊所堆疊而成。扉季人還沿著土房修築複雜的灌溉溝渠。這些溝渠可以是載著救命水的水道，亦可以成為敵人嫉妒報仇，用來「水攻」他人牆腳的武器。

4

5

如今扉季人雖然不願再提起這些「家醜」，但是那些廢棄了的莊園卻擺明著昔日殘酷的恩怨。

在沙漠裡，誰獲得最多的水資源誰就是老大。幾個世代下來，扉季也造就了幾戶富裕世家。因為世仇，據稱也有姓「朱」的永不與姓「李」的通婚那類習俗。

這些貴族富豪如今大都位居政府高官要職，掌握著摩洛哥的經濟命脈。

沙漠小知識

非洲的「萬里長城」

西撒哈拉戰事在1975年掀起，於1991年結束。之後，阿爾及利亞支持的撒哈拉威解放陣線(Polisario Front，或稱Sahrawi撒拉哈威游擊隊)就撤退到阿爾及利亞境內的廷杜夫(Tindouf)自成一國。

根據摩洛哥人的說法，阿爾及利亞政府之所以支持西撒哈拉的抗爭，全都是因為阿國想獲取在大西洋岸的出海口。

摩洛哥之後陸陸續續，沿著阿爾及利亞的邊界修築了一道「萬里長城」。這道沙牆(Sand Walls)上埋有地雷，各種警示系統，並且派有重軍駐守。

1.3.扉季是一個種植有20萬棵椰棗樹的綠洲／**2.**沙漠缺水，伊斯蘭教徒也可將手放置左側黑石上來淨身／**4.**明渠交換水道，極具智慧的設計／**5.**曾經，塔樓是管理扉季灌溉系統的中心／**6.**在扉季街道獨行的老嫗，渾身上下以白布遮蓋

歷史的變遷，扉季人的外移

自從邊界關閉之後，扉季人紛紛移居至摩洛哥大城市及海外去求發展。曾經，扉季與烏季達同樣的繁華，享有同等重要的邊城地位。

如今，扉季的街道空空蕩蕩的，許久才會有一輛驢車或馬車經過。林蔭下偶爾有老婦踽踽獨行。摩洛哥其他地區的婦女皆以黑色布料遮身，唯獨扉季這裡的婦女有所不同，她們渾身上下包裹著白布，僅露出眼睛。

扉季雖然沒落了，生活步調變得悠閒慵懶。倘若不計較物質享受，這裡倒也是個人間仙境。

6

莫哈密

Welcome to the desert

M'Hamid

前往離沙漠最近的莫哈密

從札哥哈(Zagora)到莫哈密(M'Hamid)，若是公路因暴洪而中斷，車也可以改道走越野路徑(Piste，是礫漠中的越野路徑，通常沒有指標，只是前人走過的路)。

到莫哈密必須越過雄偉的「班尼塞曼隘口」(Tizi Beni Selmane)。Beni，意即山或山脈。從九彎十八拐的迂迴山路盤旋而上，倏然眼前景觀豁然開朗，眼前的蒼茫大漠令人感受到宇宙蒼穹的浩瀚偉大，覺知到自己的渺小。

它，就是撒哈拉！Welcome to the desert！

黃土屋、黃土牆成了莫哈密的第一印象

進入沙漠後，撲面而來的第一印象通常是：哇，怎麼到處都是沙子！

沙漠居民用椰棗葉編織成一塊塊、菱形的防沙牆，然而這些人工擋沙措施大部分已老舊崩塌。柔腸寸斷的柏油公路是對外聯繫、唯一的一條道路，如今它已經被沙子淹去了一大半。風呼呼的吹著，沙塵飛揚。細沙如海，正一吋吋的吞噬淹蓋這一片大地。

繞過艾瑞思小村莊(Oulad Edriss)，我們就進入了莫哈密(M'Hami)的舊城區。

莫哈密城分新城區和舊城區。其實，舊城

區只是比新城區看來人多些，房屋多些而已。望眼看去，都是一棟棟簡陋的泥土屋。黃土牆、黃土矮房，參差錯落的沿著主要道路搭建。沒有人行道，沒有排水溝，僅見邊城的荒涼與貧窮。

莫哈密是摩洛哥重要的邊城，它距離阿爾及利亞的邊界僅僅24公里。這裡人口不多，約8,000人左右。一路從札哥哈走來，處處可見軍營，警戒森嚴。這裡的居民卻習以為常，依然可以悠然無事的過日子。

莫哈密濱臨德拉河(Oued Draa)。然而，除非有暴洪，河水流放至此已所剩無幾，此處河底經常呈乾涸狀態。

莫哈密是前往奇加加大沙丘(Erg Chigaga)、到南邊沙漠、駱駝商隊的補給驛站。雖然大部分的遊客會選擇到沙漠去露營，但是，莫哈密郊區也有幾間舒適的度假莊園，如Dar Azawad和Le Pacha。這些度假莊園規模宏大，建築是仿帳篷的設計，室內的擺設則宛如一千零一夜般的浪漫，很適合休閒式度假。

1.椰棗樹下，種滿了綠油油的蔬菜和棉花／**2.**莫哈密，到處是黃土牆和黃土矮房／**3.**沙漠的度假莊園大都有附設游泳池

莫哈密集市，沙漠人生活縮影

在很久以前，當駱駝商隊滿載貨物抵達沙漠綠洲時，集市就自然而然的形成了。露天的沙漠集市是一種自由交易市場，時間可能是每週一次或是每月一次。若是每年一次的集市，通常與節慶有關。

莫哈密的集市訂在每週一。來此買賣的除了莫哈密的村民外，還有來自更偏遠漠地的圖阿雷格人、柏柏爾人和撒哈丁人。除了交換物資外，沙漠集市也是游牧

1.來自撒哈拉南方的商人在賣尖嘴茶壺／2.小驢車拖著貨物到沙漠集市裡來販賣

民族交換生活情報的好地方。

集市裡一般都賣些農產品、鍋盤和衣飾等日常用品。農產品除了番茄、馬鈴薯之類，也有一些季節性水果，像是蜜棗和石榴。熟裂開的石榴，果實裡藏著如紅寶石般的果粒，清甜多汁，十分解渴。

沙漠集市裡，可以看見游牧民族色彩極為鮮豔的頭巾與服飾。而熟人們一見面，就親切的擁抱問候。沙漠的集市，正是我們能一窺撒哈拉文化生態的小舞台。

沙漠夜寂星空，令人眷戀

仰望沙漠星空是此生絕美的體驗。像一首詩，將人的靈魂意境都提升了。

駱駝隊一旦遠離莫哈密，人類的光害便削減到最低。夜晚的天空宛如黑絨布幔般垂掛在頭頂上，深不可測。星星們一閃一滅的眨眼，似乎近得伸手可摘。

因為沙漠無雨雲，只要不是太靠近滿月時段，列胡第沙丘、奇加加沙丘，及空曠地點都可以欣賞到美麗的星空。在沙漠，夜空看似不止一道銀河，壯闊的宇宙裡布滿了繁星，而那些寶石般的星光可是億萬光年前的幻影喔！只是，沙漠夜晚的氣溫會急遽下降。雖身裹重裘，人仍然會感覺寒徹入骨。然而滿天星辰的夜空總是帶著蠱惑，常常令人捨不得回到溫暖的帳篷內。

在浩瀚漠地裡，我們藉著對星星的渴慕與凝視，回復到了亙古之初的本我，似乎也尋回了那最神奇、最令人感動的原始連結。

1.位於沙漠深處的列胡第沙丘營地／2.阿里瞎了一隻眼，仍然專心帶領駱駝阿茲拉克

奇加加沙丘，莫哈密的順遊地

奇加加沙丘(Erg Chigaga)顏色金黃，高300多公尺，綿延40公里。這個大沙丘位於莫哈密西方50公里處，是摩洛哥兩大沙海之一(另一個是北邊的歇比沙海)。

雖然這個沙丘比歇比沙丘高170公尺，但是遊客不多。這是因為到奇加加沙丘路途遙遠，除了四輪傳動車外，也只能以駱駝代步。

但是，如果路況良好，遊玩奇加加沙丘可以繞道伊端奇乾湖(Iriki)去看海市蜃樓。再經弗姆齋扉伊(Foum Zguid)，接上10號公路的塔辰納卡特(Tazennakht)前往阿卡迪爾(Agadir)。

會到奇加加沙丘旅遊的人通常會選擇在莫哈密停留一兩日。

1.清晨第一道光彩投映在沈睡的列胡第沙丘之上／**2.**頑皮的駱駝阿茲拉克，最愛雨後沙地蹦出的嫩草／**3.**Piste是礫漠中的越野路徑，通常只是前人走過的痕跡／**4.**塔辰納卡特街角，由此前往阿卡迪爾

列胡第沙丘，當日體驗沙丘騎駱駝

列胡第沙丘(Erg Lehoudi)位於莫哈密城外18公里，沙丘高度約100公尺。

此處靠近莫哈密，相當適合那些時間不多，卻想嘗試在沙丘騎駱駝的遊客。他們可以選擇當日往返到列胡第沙丘，或者是在營地過一夜。

沙漠中的暴洪

暴洪是詭異莫測的。晴空萬里，旱谷(Wadi)上方突然聽見轟隆隆聲響，瞬間洪水奔湧而至。

不可在旱谷或乾河床上紮營

這類暴洪是一種季節性河流，極具殺傷力。旅遊書上都會一再告誡遊客：在沙漠裡，千萬不要在旱谷或乾河床上紮營或逗留。

洪水來得快，去得也快。由於能量強勁，河水將河床表層上的植物和泥沙刨根挖底，連翻帶滾的沖刷到下游去。而「暴洪」河水最終的命運大都是隱入沙地，再流向沙漠深處。

我初次到摩洛哥，馬拉喀什金黃色的陽光燦爛得令人汗流浹背。因為我心急著想進沙漠，一直擔憂在進入撒哈拉後的飲水及沐浴問題。後來，我才瞭解：「沙漠必然缺水」也是一種迷思。囤積了一整車廂的礦泉水，到頭來全是徒勞無功，真是「計畫趕不上變化」啊！

送我到莫哈密(M'Hamid)的司機叫慕罕默德(Mohamend)。他有個綽號叫Sirroco，意即沙漠風塵暴。

出發那日，天空滿布陰霾，黃豆般大的雨點一直箭射向車窗。在我們進入高亞特拉斯山脈(High Atlas)後，雨點竟然變成了冰雹。真是把我看傻了！山脈裡雖然有4,160公尺高的托布卡爾山(Jebel Toubkal)，倒也不是下雪的季節。

雨，不停的下著，地方警察已經封閉西向的道路。是夜，我們只好落腳於山中的民宿——怡若霞(I Rocha)。

隔日，Sirroco和我繼續向東行。到了哇札札(Ouarzazate)，原本的旱溪已是滔滔黃流，前後道路皆已被暴洪截斷。

暴洪來襲，土石流淹蓋橋面

我們吃過午飯，再度來到橋邊等候。橋的兩岸有焦急等待過河的旅人，也有圍觀看熱鬧的附近居民。所謂的「橋」，原本只是沙漠旱溪裡的一條水泥通道。此刻，土石流將上游的泥沙及巨石沖卷下來，紅色泥漿裡還夾雜著整棵的棕櫚樹。一輛小轎車四腳朝天的倒插在沙洲上。

消防隊員們將繩索綁在他們的腰際，圈繫上救火車，看似勇敢卻教人替他們捏把冷汗。觀看的每個人似乎都「興奮」得像在等待嘉年華舞會。

總算一個鐘頭過後，河面水位逐漸降低，微微露出「橋」路面貌。不久，對岸開始有人肩扛著行李，打著赤腳走過來。

慕罕默德也不肯落人後，趕著第二位，尾隨一輛奧迪(Audi)緩緩的駛向「橋」中央。我內心不停祈禱：老天保佑！千萬別有突漲的巨流沖下來啊！

那日，我們抵達札哥哈鎮(Zagora)時已是燈火初上。Sirroco帶我入住臨時的旅店。臨走時，他調侃我說：「沒錯，我的名字叫沙塵暴Sirroco。Jane，妳若是五月天來就有沙漠風。可惜現在是十一月，對不起讓妳見識到世紀大水災了！」

1.消防隊員們準備開通暴洪過後的公路／**2.**附近居民全都來幫忙清除橋上的障礙物／**3.**橋下滔滔黃流，令人心驚膽跳

海與洋沿岸城鎮之旅

摩洛哥得天獨厚，海岸線長達1,835公里，北邊是地中海，西邊是遼闊的大西洋。

地中海岸有著名的度假城市如丹吉爾和得土安，近內陸則有藍色山城契夫蕭安。沿著大西洋，除了避寒勝地阿卡迪爾之外，還有格納瓦音樂之都的索維拉。

到摩洛哥度假的旅人，可以在海與洋之間作選擇，譜出屬於他們自己的戀曲。

西班牙 Spain
直布羅陀海峽 Strait of Gibraltar
地中海 Mediterranean Sea
丹吉爾 Tangier
得土安 Tétouan
大西洋 Atlantic Ocean
肯尼特拉 Kènitra
卡薩布蘭加 Casablanca
拉巴特 Rabat
菲斯 Fès
沙菲 Safi
摩洛哥 Morocco
索維拉 Essaouira
馬拉喀什 Marrakesh
塔加哈祖特 Taghazout
阿卡迪爾 Agadir
阿爾及利亞 Algeria
加納利群島 Canary Islands (Spain)
旦旦 Tan-Tan

大西洋沿岸城市位置圖

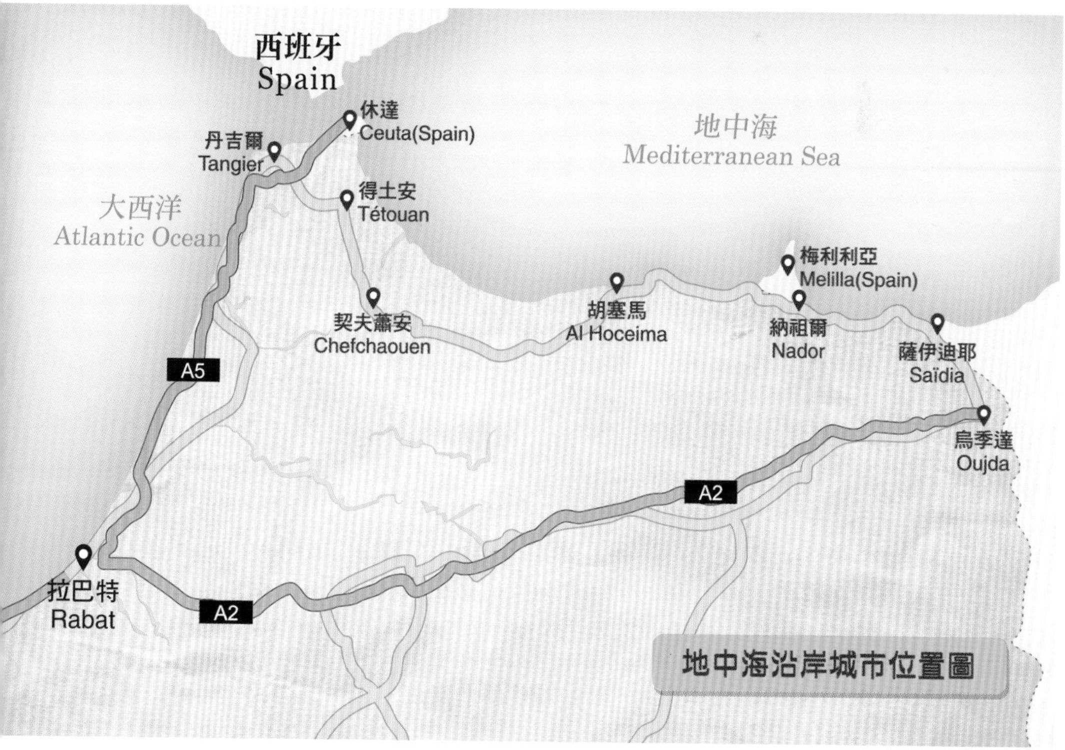

西班牙 Spain
休達 Ceuta(Spain)
丹吉爾 Tangier
地中海 Mediterranean Sea
得土安 Tétouan
大西洋 Atlantic Ocean
梅利利亞 Melilla(Spain)
胡塞馬 Al Hoceima
契夫蕭安 Chefchaouen
納祖爾 Nador
薩伊迪耶 Saïdia
A5
烏季達 Oujda
A2
拉巴特 Rabat
A2

地中海沿岸城市位置圖

阿卡迪爾

從沙漠到海洋的度假天堂

Agadir

前往阿卡迪爾的N10號公路

從莫哈密前往大西洋岸的阿卡迪爾(Agadir)有兩條公路。若是從弗姆齋雇伊(Foum Zguid)過來，就可以在塔辰納卡特(Tazenakht)接上N10號公路。塔辰納卡特位於前往哇札札、沙漠和阿卡迪爾的三叉路口，是旅客們停下來加油、休息的地方。此地以手工地毯聞名。

這條N10號公路蜿蜒在小亞特拉斯山(Anti Atlas)山麓。仙人掌和小灌木在山坡谷底掙扎著成長，一群野駱駝在荊棘、碎石間尋找食物。山景一點兒也不青翠，倒像似我讀書時代住過的美國亞利桑那州。

沿途我們經過一處採金礦的礦石場，看見一條條粗大的水管正將寶貴的水資源輸往礦區。很明顯的，四周的地形與生態已經遭到無情的破壞。再行過幾十公里之後，路邊出現一口水井。我的司機薩依德用牛皮水袋舀出沁涼的井水，我也嘗了一口那井水，很驚訝水質竟是清涼甘甜。薩依德說那些從沙漠出來的駱駝和驢馬都會齊聚在這個水槽前飲水。

過了山區，我們來到塔里烏納(Taliouine)。此地的地質看似貧脊，實際上卻是種植番紅花(Saffron Crocus)的最佳土壤。城裡有一間番紅花展示中心(Maison Safran)，相當值得參觀。

歐洲人的衝浪、避寒勝地

阿卡迪爾於十二世紀之後才建城，如今是北歐人最愛的避寒度假勝地。

1.薩依德用牛皮水袋舀出井水，水質竟是清涼甘甜／2.小亞特拉斯山的山景／3.阿卡迪爾港口，山坡上用白漆碎石寫著「真主、國家、國王」

因為一旁是大西洋(Atlantic Ocean)，即使是冬天，氣溫也維持在攝氏20度左右。這個海岸線城市以沙灘、海產海鮮，和溫暖舒適的氣候吸引了不少遊客。

阿卡迪爾的港口十分忙碌。山坡上有一排用白漆碎石塊堆疊的阿拉伯文字，上頭排列著「真主、國家、國王」這幾個字，類似的標語在摩洛哥隨處可見，表達摩洛哥人對國家君主效忠的一片赤誠。

1960年大地震之後，阿卡迪爾重建為一個新興城市。吸引遊客至此的仍然是它美麗的海灘。海灘很安全，不少人喜歡在此打排球或玩風帆。沿著海岸線還有一條寬廣的步道，很適合散步觀海。

也有些愛好衝浪的遊客會以阿卡迪爾作為度假中心，進而前往北邊的塔加哈祖特(Taghazout)去衝浪。每年9月～隔年5月，浪最為穩定。愛好玩衝浪者都知道塔加哈祖特那個地方是衝浪的上乘之選。

沙漠小知識

神奇的紅金「番紅花」

番紅花俗稱「紅金」，一公斤市價約3萬元台幣，是世界上最昂貴的香料。

摩洛哥的番紅花(Saffron Crocus)生長在1,200公尺以上的沙礫地，於秋末時採收。花朵必須在日出前、尚未凋萎時以人工採摘。每一株番紅花通常開有4朵花，每一朵花有3個雌性花蕊柱頭。採摘的番紅花柱頭稱為「花蕊絲」(Threads)。花蕊絲經過乾燥脫水之後才是我們在市面上所看到的「番紅花絲」。每16,000朵番紅花才能取得100公克的「番紅花絲」。

番紅花具有醫療功效，如抑癌、抗氧化和增強免疫力。除了應用在烹調食物外，番紅花亦可以作染料。

如今，伊朗是世界番紅花的最大輸出國(約占全球的90%)。其他生產大量番紅花的國家有土耳其、西班牙和北非國家。

番紅花絲

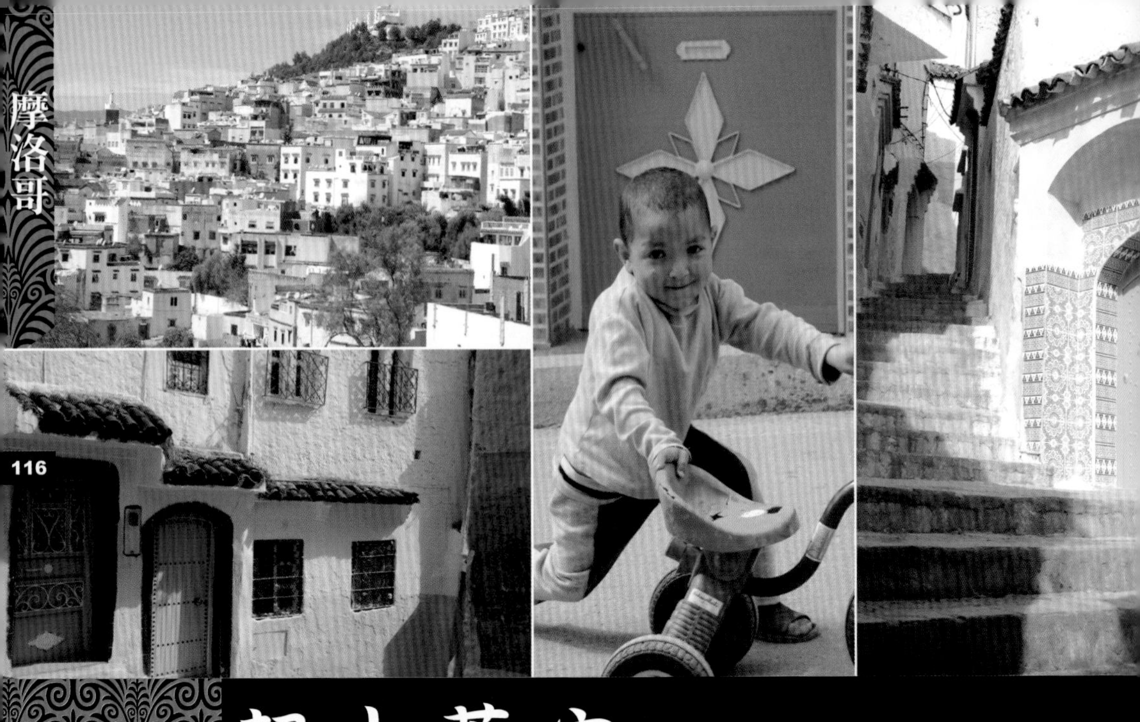

契夫蕭安

藍色的古老山城

Chefchaouen

沿途山脈磅礡，蓋滿天空

契夫蕭安(Chefchaouen)，摩洛哥人稱之為蕭安，西班牙文為Xauen，柏柏爾語是Chaoua，意思是一對羊角。蕭安城後有座山峰，形狀恰似一對羊角。

那對「羊角」下是一道保護蕭安城的圍牆。1471年，蕭安為了抵禦葡萄牙的攻擊而在此建築城堡。由於地形峻峭，蕭安自成一個世界，長期與外界隔絕。

從得土安到蕭安的車程需時一個半鐘頭。巴士出得土安(Tétouan)城外就盤旋直奔里夫山脈(Rif Mountains)，顛顛跛跛在山路上迂迴，繞得人昏頭轉向。這段路上坡又下坡，山勢開始變得雄偉磅礡。尤其當巴士行在谷底時，仰頭一望，整片天空似乎都被山脈蓋滿了。峰頂怪石嶙峋，洞岫間尚留有殘雪。

到了蕭安車站，體力好的人可以步行進城。由於這裡的地勢奇陡，也可以僱用麵包車到舊城區山頂，再倒吃甘蔗般往山下走。

用藍色創意出蕭安之美

蕭安整片山坡上，到處都是藍色的房子、藍色的街道、藍窗藍門藍水池，深藍、靛藍、粉藍、海軍藍，各式各樣的藍……藍，竟然能以那麼多的層次來呈現。

進入城牆內，只見春花怒放，岩壁上爬滿金盞花和玻璃苣(Borage)，空氣裡瀰漫著甜美的橘花香。路旁流水潺潺，景色甚是宜人。

1.除了藍房子，蕭安也有好餐館／2.蕭安被稱為「藍色山城」絕非浪得虛名／3.進到蕭安城內，岩壁上爬滿了金盞花和玻璃苣

這裡也是遊客們喜愛的購物天堂，特別是購買羊毛衣和地毯之類。復活節和聖誕節期間，不少西班牙人會來此度假買東西。

讓蕭安「成名」的另一個原因是它曾是世界大麻(Kief, Cannabis)最大產地。不過，最好不要碰這些東西，吸食大麻是會鋃鐺入獄的。

沙漠小知識

蕭安為什麼是藍色?

關於蕭安人酷愛藍色有兩種說法：

1.早年猶太人定居於此。對於他們而言，藍色代表天空，代表天堂。藍，在於提醒他們要時刻專注於靈修，虔誠嚮往於天堂之路。

2.對某些居民而言，藍色可以防止蚊蟲蒼蠅入侵。至於功效如何則見人見智。

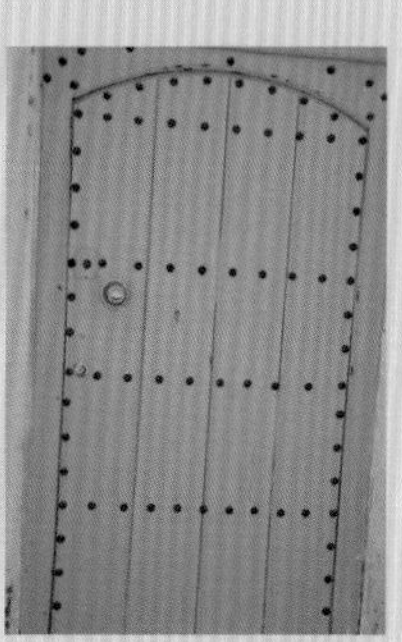

1 2 3

得土安&丹吉爾

浪漫的間諜時代

Tetouan & Tanger

與西班牙相望的丹吉爾

摩洛哥和西班牙之間只隔著一道直布羅陀海峽(Strait of Gibraltar)。

從丹吉爾(Tanger)就可以遙望西班牙的陸地，搭半個鐘頭的渡輪可從非洲躍向歐洲。

眾國搶奪之地，亦是藝術創作匯集地

二次世界大戰即將爆發前夕，丹吉爾仍然是個國際共管地帶。法、英、西班牙等大佬咬著這塊肥肉不放，後來連美國、義大利、比利時、荷蘭和瑞典都插上一腳。這個區域，龍蛇混雜，丹吉爾成了各國間諜們出入摩洛哥的門戶。三教九流，各路人馬都來到丹吉爾，在這個紙醉金迷的三不管地帶求發展。

而自古，丹吉爾也是藝術畫家與文學作家的匯聚地。例如，中世紀的伊本巴圖塔(Ibn Battuta)和《遮蔽的天空》(The Sheltering Sky)的作者保羅・鮑爾斯(Paul Bowles)、畫家如法國的馬蒂斯(Henri Matisse)、2015年拍攝的電影如《007：惡魔四伏》(Spectre)等皆與丹吉爾有密切關聯。

沿著碧藍色的地中海走到丹吉爾的渡輪港口，大道一旁是整齊的棕櫚樹，港口對面還有一排西班牙式的高樓，如今這些老房子大都改成餐廳或咖啡廳。

到丹吉爾旅遊，遊客去的主要景點是直布羅陀海峽尖端的斯帕特爾岬角(Cap Spartel)和位於舊城區、葡萄牙人興建的城堡(Kasbah)。

得土安，奇特地貌的白色山城

得土安，Tétouan，發音：ㄊㄧㄝˋㄊㄨㄢˊ。

得土安距離丹吉爾56公里，約45分鐘車程。它的地貌相當奇特，一群白色房子蓋滿了德薩山(Jbel Dersa)的山坡。

從哈珊二世廣場進入舊城區，附近有新皇宮和帕夏清真寺。這個區域大都居住著阿拉伯人，常見穿著尖帽長袍的男人們坐在走廊下喝茶聊天抽水煙。猶太人如今倒是少見了，他們大都在以色列建國時舉家前往中東。

4

5

1.得土安的地貌相當奇特，白色房子蓋滿了山坡／2.海灘大道旁，砲台和老城區高聳在上／3.丹吉爾渡輪港口之外是湛藍的地中海／4.位於得土安舊城區的一些西班牙式建築／5.這間位於頂樓的藍白色雅房叫「卡薩布蘭加」

清真寺旁有一個熙來攘往的夜市，他們販賣蔬果飲食及日用品。餐館裡，大多數的人都會講西班牙語。得土安曾經是西班牙殖民地，附近的Ceuta至今仍是西班牙的領土。

沙漠小知識

得土安和《時間裁縫師》

《時間裁縫師》(El tiempo entre costuras)是一本西班牙文暢銷小說，作者是瑪麗亞・杜埃尼亞斯(Maria Durenas)。原著後來被改編為電視劇集，曾在台灣的公視播出過。

1

故事的背景大都發生在丹吉爾和得土安。女主角希拉(Sira)認識了英國情報組織頭子Alan Hillgarth。後來她在得土安舊城區設立了一間服裝店，專門替高官貴婦們裁製衣裳。藉此，她結交了上層社會名流，進而從事戰爭情報工作。

得土安一家旅館叫El Reducto，老闆娘露絲(Ruth)說，曾經有幾部電影、電視劇都是在她家拍攝取景的，其中包括《時間裁縫師》。

2

1.2.露絲對我眨眨眼說，《時間裁縫師》確實在這裡拍攝

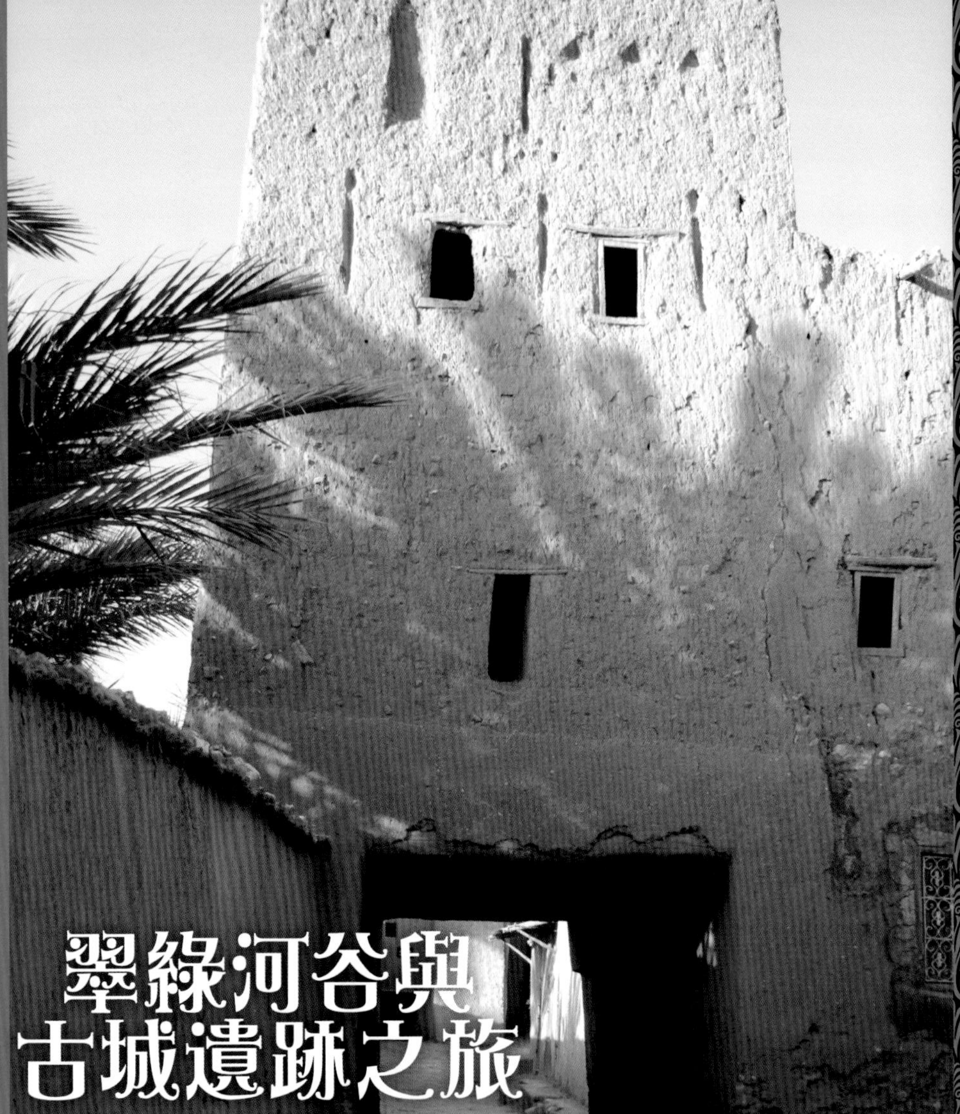

翠綠河谷與古城遺跡之旅

縱貫摩洛哥的山脈，除了有高亞特拉斯山(High Atlas)和小亞特拉斯山(Anti Atlas) 之外，靠近地中海還有里夫山脈(Rif Mountains)。

這些山脈不僅各具獨特的生態，還替幾條大河流注入了清澈甜美的河水。最著名的德拉河(Oued Drâa)，沿岸翠綠的河谷還造就不少繁華的城鎮，例如，哇札札(Ouarzazate，發音war-zazat)和札哥哈(Zagora)。

而蘇斯河谷(Souss Valley)更是摩洛哥的蔬果糧倉。它生產的柑橘和胡蘿蔔，除了供應國內，還替摩洛哥帶來不少外匯。

自古，各個河岸就建有具軍事防備設施的土城寨。這其中，艾本哈都土城寨(Aït Benhaddou)最為遊客們所熟知，它與塔努格特古城寨(Kasbah Tamnougalt)都曾經出現在電影場景之中。

德拉河谷

德拉河岸的碧綠明珠

Oued Drâa

德拉河是摩洛哥最長的河流，源自高亞特拉斯山。

哇札札：沙漠大門，是製片廠的最愛

若是從馬拉喀什前往哇札札，這條公路在提濟依斯卡隘口(Tizi-n-Tichka Pass)時，路段會緩升至海拔2,260公尺。在隘口頂端，可以欣賞到九拐十八彎，雄偉得令人暈眩的迂迴路徑。

然後我們來到了哇札札，它又被稱為「沙漠大門」，是遊客們前往撒哈拉沙漠的必經之地。哇札札，可以算是個小城市，這裡有機場、旅館、旅遊業機構，和物資齊全的超級市場。

哇札札是電影製片廠商的最愛，他們在此設立Studio製片，其中，以在電影界裡數一

1.從隘口鳥瞰，德拉河谷風光無限／**2.**德拉河岸有美麗的椰棗林風光

1.河的對岸有十六世紀時修建的塔努格特古城寨／2.「52 天到廷巴克圖」是遊客到札哥哈必訪的地標看板

數二的亞特拉斯製片廠(Atlas Studios)規模最大。如《阿拉伯的勞倫斯》(Lawrence of Arabia)、《王者天下》(Kindom of Heaven)等都曾在此拍攝製作。

阿格德茲：盛產椰棗小鎮

再往前，這裡就是盛產椰棗的阿格德茲(Agdz)。平時它是個昏睡的小鎮，到了每年的10月、11月椰棗採收季節，它才又甦醒過來。

塔努格特古城寨：極具特色的建築風格

不久，河的對岸出現一座十六世紀時修建的塔努格特古城寨。塔努格特古城寨融合了阿拉伯、安達魯西亞和柏柏爾族的建築風格，奧斯卡名片《英倫情人》(The English Patient)曾經在此取景。

札哥哈：必看「52 天到廷巴克圖」

若再繼續往東前進，我們將會抵達作為沙漠前哨的札哥哈，遊客若要前往奇加加沙海(Erg Chigaga)，必會經過此地。

遊客們到札哥哈必看的景點是那座「52 天到廷巴克圖」(Timbouctou 52 Jours)的地標看板。「52 天到廷巴克圖」是指以搭乘駱駝或用腳步行的速度，要52天才能從札哥哈走到廷巴克圖。

沙漠小知識

世界遺產的古老城鎮：廷巴克圖

西經3度北緯16度(16° 46’ 33” N 3°　00’ 34” W)的廷巴克圖(Timbuktu)，亦也有人稱之為「通布圖」(Tombouctou)。

廷巴克圖建於十二世紀左右，是撒哈拉沙漠南端的一個古老城市，如今隸屬於馬利共和國(Mali)。

廷巴克圖濱臨尼日河，地處水陸交通要道，所以自古它就是一個沙漠駱駝商隊的主要驛站。它也是食鹽、黃金、象牙和奴隸的集散市場。

廷巴克圖興盛之後，一些伊斯蘭學者開始在此研習可蘭經、邏輯學、天文學以及歷史等科目。自此，廷巴克圖也成為一個文化中心。西非有句諺語：「食鹽來自北方，黃金來自南方，安拉的教導和智慧寶藏則來自廷巴克圖。」傳說廷巴克圖城裡藏有黃金，其實它真正的寶藏是書籍和知識。在它文化鼎盛時期，廷巴克圖還有120間圖書館呢！

1988年，廷巴克圖的部分區域被聯合國教科文組織列入世界遺產名錄。

因著廷巴克圖的文化歷史價值，不少歐洲人趨之若鶩。甚至在「基地組織」占據時期，仍然有不少人冒險前往。

艾本哈都城寨
Aït Ben Haddou

中古世紀建築，列為世界遺產

- 高亞特拉斯山腳下，距哇札札約30公里
- 24小時
- 免費
- 在城寨區可步行，行李可用驢馬運載
- www.morocco.com MAP P.107

艾本哈都城寨建於十七世紀，曾是本哈都氏族的聚落住宅。整座城寨座落於赭紅色沙岩上，四周築有高牆來防禦外敵侵襲。由於城寨是用土磚(pisé)堆疊修造，容易傾圮，聯合國UNESCO自1987年起就將此處列為「世界遺產」，維修工作持續不斷。

城寨依山丘而建，幾道交錯的石階可通向山丘頂端的公用穀倉(Communal Granary)。如今艾本哈都土寨僅剩4戶人家於此長久居住。城內有幾間民宿，但是擁有現代化設施的觀光旅館及餐廳均密集在美拉河對岸。

美拉河谷(Wadi Mellah)除了冬末春初有大量水流經過外，多數時候是小溪涓流。遊客們可以赤足溯溪，或是騎小毛驢過河。如今土城左側已築有一條水泥長橋，然而汽車無法通行，故能夠保留下屬於中古世紀的那份純樸悠閒。

艾本哈都古城寨是許多大導演、製片廠商圈選的最佳電影場景。幾部著名的好來塢電影，如《神鬼戰士》(Gladiator)、《達賴的一生》(Kundun)，以及2010年的《波斯王子：時之刃》(Prince of Persia)都曾以此城寨作為其場景。

1.艾本哈都城寨在晨光中熠熠生輝／**2.**在艾本哈都城寨內，每一個轉角都是電影場景／**3.**艾本哈都城寨是世界遺產，土牆每隔2、3年必須翻修／**4.5.**清晨，艾本哈都土寨的巷道語無人跡

濟茲河谷&達碟河谷

Ziz Valley & Dadès Valley

山谷與沙漠的中途站

濟茲河谷：游牧民族的固定市集

從菲斯趕路前往歇比沙海的遊客，偶爾會在爾拉其迪亞鎮(Er Rachidia)留宿一晚。爾拉其迪亞鎮位於濟茲河谷(Ziz Valley)，從這裡到瑞薩尼鎮(Rissaani)約2小時車程。瑞薩尼鎮在每週二、四、日有固定市集，趕集的人絡繹不絕，大都是來自沙漠深處的圖阿雷格人、撒阿丁人、查亞尼人和膚色如木炭的非洲黑人。

達碟河谷：綠草茵茵的賞鳥天堂

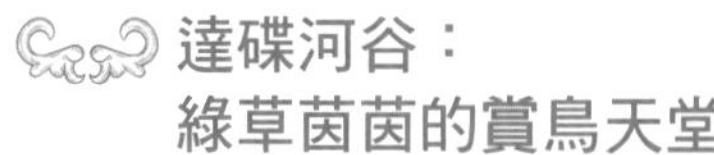

布滿納達碟(Boumalne du Dades)位於達碟河谷，是前往沙漠和高亞特拉斯山的一個三叉路口。

達碟河(Oued Dadès)兩岸綠草茵茵，此地是賞鳥者的天堂。幸運的賞鳥者可以在鳥谷(Vallee des Oiseaux)看到雲雀、麥翁鳥、沙雞，以及禿鷹等鳥類。

再往南24公里，這裡就是玫瑰城吉拉莫古納(Kelaat M'Gouna)，以生產玫瑰花水(Rose Water)聞名。每到五月採收花瓣時，家家戶戶門前都掛滿玫瑰花串，整個城裡瀰漫著玫瑰花香。因此五月第一週訂為「玫瑰節」(Rose Festival)。

1.達碟河谷風景美麗，是賞鳥者的天堂／**2.**前往濟茲河谷，可在南北轉運站布爾法搭乘巴士／**3.**過了濟茲河長橋就是肯濟旅館

蘇斯河谷
豐饒的蔬果糧倉
Souss Valley

蘇斯河谷(Souss Valley)往南接壤西撒哈拉，往西是濱臨大西洋的阿卡迪爾(Agadir)。這裡氣候濕熱，常年翠綠，最常見的景觀是柑橘園和阿甘(Argan)樹林。

位於阿卡迪爾南方70公里外的蘇斯—馬莎國家公園(Souss-Massa National Park)值得一遊。適合賞鳥，其中以隱䴉(Bald Ibis)最為著名。

阿卡迪爾往東80公里外是塔忽旦鎮(Taroudant)，十六世紀時是撒阿丁人的首都。到這地旅遊，除了參觀舊城商店街，這裡最主要的景點是提勿特城寨(Tioute Kasbah)。

1.黑白山羊爭相爬上阿甘樹去啃食果實與樹葉／**2.**在蘇斯河谷，放眼望去都是阿甘樹林／**3.**阿甘樹果實堅硬，枝葉間有尖刺

黑白山羊高踞阿甘樹林

在蘇斯河谷裡，觸目可見的是一叢叢的阿甘樹林。阿甘樹是山欖科樹木，平均可生長150～200年。原本它是野生樹種，因為特殊的經濟價值，如今除了野生的阿甘樹林之外，摩洛哥政府也鼓勵人民大規模種植阿甘樹。

阿甘的果實可以搾油，又有人稱之為「摩洛哥堅果油」(Argan Oil)。

在蘇斯河谷旅遊，偶爾可見黑白相間的山羊高踞在樹上，啃食阿甘樹的果實與樹葉。因為阿甘樹果實十分堅硬，枝葉間有尖刺，從前柏柏爾婦女會將山羊趕上樹去吃果實，等待牠們排出糞便後再揀拾處理。如今，摩洛哥堅果的採收作業已全部由機器和人工代替。

埃及
EGYPT

The land of the pharaohs.

擁有豐厚的古文明歷史
黃沙飛揚的吉薩金字塔群、獅身人面像
述說著千年不落的法老王國

埃及是世界文明古國，有7,000多年的歷史。它的面積約100多萬平方公里，大都在北非。蘇伊士運河以東的西奈半島則位於亞洲。

雖然埃及幅員廣大，但是95%的土地都為沙漠，只有在尼羅河兩岸及尼羅河三角洲才有人口密集聚居。

以尼羅河為界，埃及的東部沙漠有紅海高地，也有峽谷和石灰岩高原。西部沙漠也是大撒哈拉沙漠的一部分。沙漠中主要的綠洲有：巴哈利亞(Bahariya)綠洲、錫瓦(Siwa)綠洲和卡塔拉(Qattara)綠洲。在錫瓦綠洲南邊有著名的大沙海(Great Sand Sea)，凶險難以通過。

一般而言，埃及的氣候溫暖乾燥。春天(3～5月)常有沙塵暴。旅遊旺季是10月到隔年的2月。

埃及最聞名的地標是吉薩金字塔群，古往今來有無數遊客造訪此地。沿著尼羅河還有不少古蹟勝地，如孟菲斯、路克索的帝王谷、亞斯文的「飛來殿」，以及阿布辛貝。

埃及大約有9,200萬人口，主要語言是阿拉伯語。人民大都信奉遜尼派伊斯蘭教，估計有10%科普特人是基督教徒(Coptic Christian)。

2010年後，埃及政治不穩，街頭時有抗爭暴動。到埃及旅行，應該密切注意最新局勢，並小心確保個人安全。

1.哈布神殿牆上的壁畫，述說法老王的豐功偉業／**2.**哈布神殿的廊柱

旅遊資訊

埃及聯外交通

到開羅，可在杜拜或約旦安曼轉機。巴黎亦有飛機直飛開羅。請洽各大航空詢問前往埃及的班次和票價。

埃及國內交通

開羅機場

從開羅機場到吉薩金字塔區約30公里車程。大部分旅館都提供住客免費機場接送。精打細算又懂阿拉伯文的朋友可搭機場旁的巴士再轉地鐵(Metro)，在吉薩站下車，之後再搭計程車到落腳的飯店。

地鐵資訊，請上網查詢：www.cairometro.gov.eg

前往沙漠

沙漠治安時有變化，建議啟程之前多方查詢。目前的狀態是：可以前往白沙漠，但是必須與承辦業者同進同出。因此，不建議搭乘巴士。即使坐上了巴士，抵達拜維提時還是會被軍警遣返開羅。

前往上埃及

埃及航空每日都有班機飛往路克索、亞斯文和阿布辛貝。請上網查詢：www.egyptair.com

若是搭乘包廂臥鋪夜車(Deluxe Sleeper)，從開羅到亞斯文共879公里。請見黃頁簿(P.215)，或上網查詢：www.wataniasleepingtrains.com

從亞斯文到路克索可搭乘火車或汽車。若是搭火車，約3小時可抵達。若是搭廂型休旅車，通常是一個觀光行程，也就是車資及景點入園費全包。

在埃及搭飛機，可以俯視壯觀的尼羅河風光

沙漠綠洲之旅

西部沙漠(**Western Desert**)也是撒哈拉沙漠的一部分。它的地理位置是從尼羅河西岸，一直到埃及與利比亞的邊界，縱向則由地中海岸到南邊的蘇丹邊界。這裡是埃及的大西部，此處沙漠也包括在利比亞沙漠裡，是整個大沙漠的一部分。

雖然西部沙漠大都是礫漠，它卻以「大沙海」(**Great Sand Sea**)聞名於世。

西部沙漠占埃及全國領土總面積的**2/3**，人口大都集中居住在幾個綠洲。這些綠洲分別是：巴哈利亞綠洲(**Bahariya Oasis**)、法拉菲拉綠洲(**Farafra Oasis**)、達卡拉綠洲(**Dakhla Oasis**)、阿卡加綠洲(**Al-Kharga Oasis**)和錫瓦綠洲(**Siwa Oasis**)。其中以巴哈利亞綠洲和錫瓦綠洲較為遊客們所熟知。

整個西部沙漠有**1/3**的人口是游牧民族。西部沙漠北邊則有開採石油。

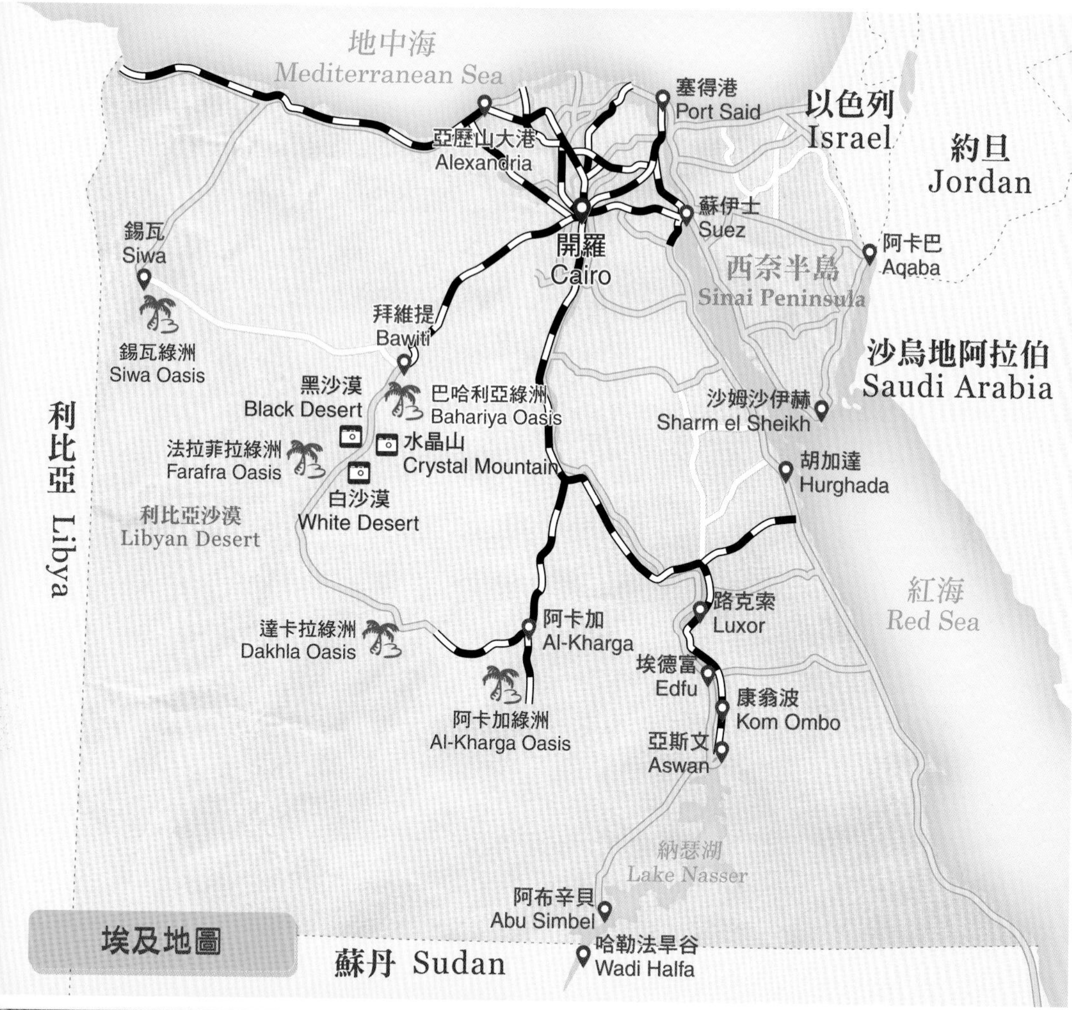

埃及地圖

地中海 Mediterranean Sea
塞得港 Port Said
以色列 Israel
約旦 Jordan
亞歷山大港 Alexandria
蘇伊士 Suez
開羅 Cairo
阿卡巴 Aqaba
錫瓦 Siwa
西奈半島 Sinai Peninsula
錫瓦綠洲 Siwa Oasis
拜維提 Bawiti
沙烏地阿拉伯 Saudi Arabia
黑沙漠 Black Desert
巴哈利亞綠洲 Bahariya Oasis
沙姆沙伊赫 Sharm el Sheikh
利比亞 Libya
法拉菲拉綠洲 Farafra Oasis
水晶山 Crystal Mountain
胡加達 Hurghada
白沙漠 White Desert
利比亞沙漠 Libyan Desert
紅海 Red Sea
路克索 Luxor
達卡拉綠洲 Dakhla Oasis
阿卡加 Al-Kharga
埃德富 Edfu
康翁波 Kom Ombo
阿卡加綠洲 Al-Kharga Oasis
亞斯文 Aswan
納瑟湖 Lake Nasser
阿布辛貝 Abu Simbel
蘇丹 Sudan
哈勒法旱谷 Wadi Halfa

巴哈利亞綠洲

前往黑白沙漠的跳板

Bahariya Oasis

前往巴哈利亞綠洲，沙塵不斷吞噬行進公路

巴哈利亞綠洲(Bahariya Oasis)距離開羅(Cairo)約365公里。關於交通狀況，建議在開羅向住宿的旅館或者市區內較大間的旅行社詢問。巴哈利亞綠洲的主要城鎮是拜維提(El Bawiti)，而預訂前往拜維提的包車，一般價錢是L.E.900單程。若4人分攤，平均每人付L.E.225(約新台幣800元)。亦可直接聯絡當地導遊，他們會為您作行程安排。

想到巴哈利亞綠洲旅行的人，為的就是要去白沙漠。若是從綠洲主要城鎮拜維提出發，那麼你的行程裡也可能包括黑沙漠和水晶山。

車子出了開羅半小時之後，公路兩旁便是一望無際、寸草不生的沙漠。地平面上先是見到一小堆的沙丘，然後沙丘的高度漸漸爬升，有的竟然有兩層樓那般高。它們形成一堵巨大的沙牆，大喇喇的向天際一字排開。艷陽下，有時沙丘看來白茫茫，有時是鵝黃色或粉紅色，宛如粉彩畫作中的景致。

沙，一吋吋向前侵蝕，部分的公路也被沙塵淹埋了。趴扈的油罐車一輛輛、轟隆隆的逆向駛來，它們正奔馳向開羅或亞歷山大港去卸貨。偶爾也可見到大漠裡零星散布的油田，在這些開採石油據點的四周圍能見到難得的人為綠意。

1.綠洲居民養鴨養羊，自給自足／2.巴哈利亞綠洲的居民，極愛用白堊土磚塊搭建房屋

公路左側有一條通向荒漠的鐵道，它似有若無的與公路平行並進，只是最後它竟然從地圖上消失了。

大約2小時之後，路邊出現了一家小咖啡館。沙漠中的旱廁雖然簡陋，能予人方便也就不錯了。Toilet Break亦是Coffee Break，許多載貨的大卡車司機都在此喝茶休息。他們運載的貨物是產自費拉菲拉綠洲的馬鈴薯，一袋袋用黑色PVC尼龍袋包裝。真是不可思議，沙漠綠洲生產的馬鈴薯大都賣至開羅集市，成為開羅人每日的主食之一。聽說這些綠洲馬鈴薯甚至多得可以外銷鄰國呢！

留宿拜維提一晚再前往黑白沙漠

拜維提距離開羅4小時車程。車穿越大漠，開過了大山頭，便落到低凹處的巴哈利亞綠洲。

拜維提像是沙漠中一座昏睡的小城，身上覆蓋著墨綠色的棕櫚樹林。這裡看似西線無戰事，其實風平浪靜的假象下竟是暗流洶湧。村子口雄踞一座大軍營，緊扼住拜維提的咽喉。四角落，哨塔內隱藏著荷槍實彈的士兵，大門外豎立了幾道拒馬。一整條馬路用碎石堆砌成數道路障，凡是行經此處的汽車或機車都必須放慢行速，迂迴前進。

大部分遊客會在拜維提住宿一晚，隔日再轉搭四輪傳動前往黑白沙漠。拜維提本身有一些小景點，如：1997年出土的黃金木乃伊(Golden Mummies)和亞歷山大帝神殿(Temple of Alexander)。

拜維提居民的祖先大都來自錫瓦綠洲。他們待客親切，我在此喝到香甜的薄荷茶，也吃到每週五才吃得到的巴格里亞(Baglia)。

黑沙漠
Black Desert, Sahra Suda

我們的四輪傳動駛出拜維提，接上巴哈利亞一達卡拉10號公路。往南50公里之後，便來到黑沙漠。

黑沙漠相當遼闊，放眼望去，谷裡盡是大大小小、黑色的圓錐形小山。然而再仔細觀察，黑色熔漿之下竟是黃色的沙土。黑沙漠是許久以前火山運動的結果，地面上的黑岩石塊則是冷卻後的岩漿。

沙漠小知識

巴格里亞(Baglia)的作法

生米洗好後，加入紅扁豆(Red Lentil)，煮熟後，豆飯呈金黃色。

放鹽和胡椒來調味。置大盤內，中間撥一小窪放入融化了的奶油。旁邊加配菜，如新鮮番茄辣椒醬、醃檸檬，以及切碎了的紅蔥頭。

點心：油煎椰棗。有點像煎赤的甜年糕，超好吃！

巴格里亞(Baglia)是綠洲一道很特別的菜，只在星期五才吃得到

水晶山 Crystal Mountain

在黑沙漠的東方數公里之外，沙地裡出現一座水晶山。

水晶山，顧名思義，整座山都是石英岩層。水晶山位於公路旁，整個區域都是結晶石，因為含有鐵、鈦、或微量金粉而呈粉紫色或淺黃色。它們在陽光下閃耀，十分特殊。

白沙漠 White Desert，Sahra al-Beida

白沙漠國家公園(White Desert National Park)就在水晶山附近，入門費5元美金。

撒哈拉有無數的驚奇，埃及的白沙漠正是

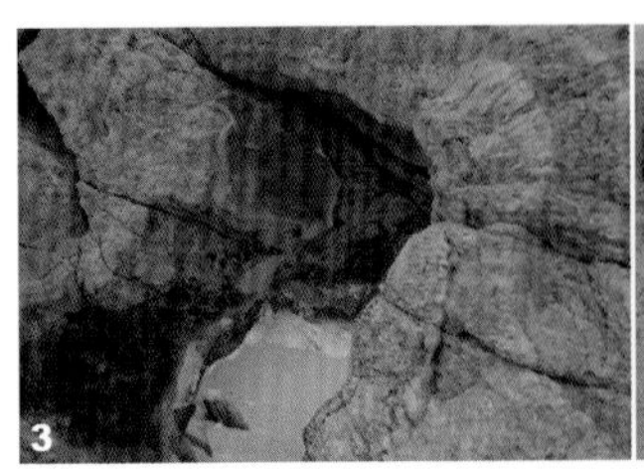

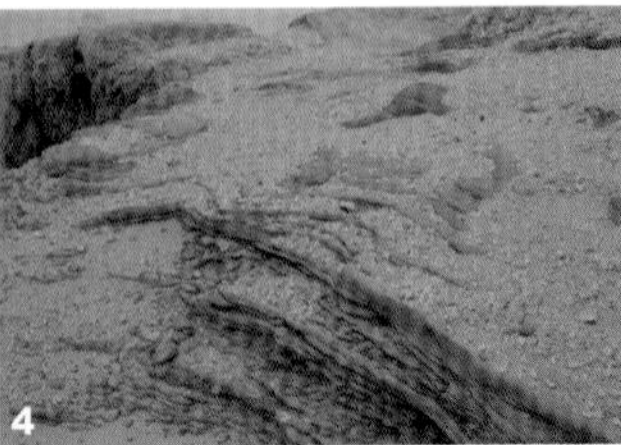

其中之一。這是一個雪白的奇異世界。無垠沙漠中，白堊岩高高矗立，有的形狀看似母雞或蘑菇頭。有時看不清，你還真以為地上那些閃閃發亮的白沙是積雪呢！

白沙漠之所以「白」是因為這裡的岩石是白堊岩。也有人稱白堊岩為雪花石。白堊(Chalk)是石灰岩，源自紅藻類化石。古時候我們用的白粉筆和瓷器釉粉皆以白堊粉作為原料。在拜維提，許多房屋圍牆都是用白堊土磚塊搭疊建築的。這種白磚塊吸水力強，很適合沙漠環境。

白沙漠國家公園占地300平方公里，是一個美得令人屏息的白堊岩森林。從前這裡是海底，如今地上隨處可以揀到海藻或貝殼的黑色含鐵化石。

白沙漠國家公園門口有一天然水泉汩汩流出，四周散落著羊和駱駝的糞便。據說騎駱駝的遊客旅隊或者是貝都因的游牧民族都會在此汲水。

1.黑沙漠相當遼闊，谷裡盡是黑色的圓錐形小山丘／**2.**因為沙暴來襲，水晶山變得黃濛濛一片／**3.**整座的石英山啊！是不是跟珠寶店的石英差很多／**4.**整座水晶山都是石英岩層，地上的結晶石呈粉紫色或淺黃色／**5.**近距離觀察石英岩層，真的全是水晶／**6.**白沙漠的本色，白堊岩有的看似母雞或蘑菇頭／**7.**白沙漠的白堊岩呈現各種形狀(**5.6.7.**圖片提供： i小v的世界拼圖/from PIXNET)／**8.**沙塵暴中的白沙漠，白堊岩也成了黃堊岩／**9.**白沙漠地面上的白沙，常讓人誤認為是積雪／**10.**天然水泉，駱駝隊在此汲水

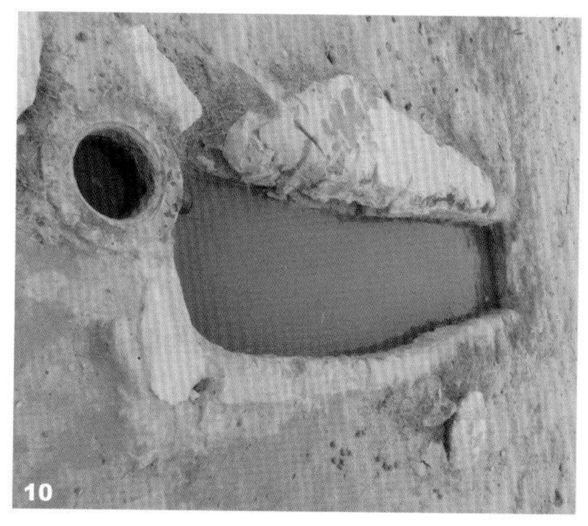

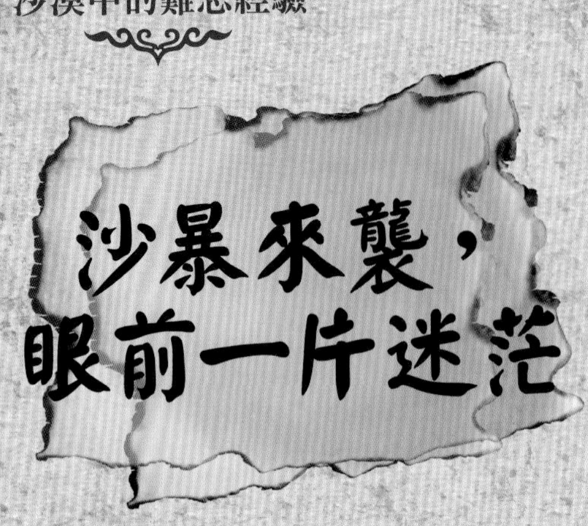

沙暴來襲，眼前一片迷茫

我們常聽見「沙塵暴」這個詞，其實它是「沙暴」與「塵暴」的組合。那些發生在北非撒哈拉沙漠和中東阿拉伯沙漠的風暴，因為塵土不多，況且被捲起的都是質點較重的沙子，故稱之為「沙暴」。

在摩洛哥，沙漠風是Sirocco。在波斯灣阿拉伯國家，沙漠風則被叫做Shamals。阿拉伯語，Shamals是「北方」的意思。顧名思義，這種沙漠風自地中海區吹來，經過大片沙丘，夾帶著沙塵在大氣中不斷的向前推進，它就是沙暴(Sand Storm)。

吹起長達1個月，每年平均兩次

沙暴，每年平均興起兩次，12月吹到隔年1月，5、6月再吹一次。有時，期間提早了或延長了，我在埃及的「白沙漠」(White Desert)旅行時碰到過的那一次，就是發生在4月初的沙暴。沙暴的威力不容小覷。乾燥的熱風，漫天的黃沙一吹就是30～50天。沙暴的能見度通常低於1公里，若是低於500公尺，它就是「強烈沙暴」了！

沙塵暴是草原沙漠化的現象之一。如今不管是「沙暴」或「塵暴」，地球沙漠化的情況已日趨嚴重，這是無可爭論的事實。

我在巴哈里亞綠洲的那個黃昏，天地間突然狂風大作，不久就「霹靂啪拉」下起大雨來。還好沙漠裡的降雨大都5分鐘內解決，雖然有時也會長些，不過據當地人說，最久也不會超過半個鐘頭。

隔天，我與我的導遊埃善(Esam)乘四輪傳動車朝南邊開，這條通往路克索的沙漠公路(To Luxor, Al Bahariya - Al Farafra)筆直平

3

順。雖然能見度尚屬OK，但是空氣中懸浮的沙塵已不尋常的多。

我的白沙漠之旅，變成了黃沙漠

這裡屬於大撒哈拉東邊的利比亞沙漠(Libyan Desert)，一般稱之為西部沙漠(Western Desert)。我們的目的地是「白沙漠」，但是會先經過「黑沙漠」(Black Desert)和水晶山 (Crystal Mountain)。在沙暴的肆虐下，此刻的「黑沙漠」依舊黑不隆冬，面不改色。而「白沙漠」和「水晶山」就不同了，它們似乎應該改名為「黃沙漠」或者「灰水晶山」。

不久，颶風開始夾帶著沙粒拍打我們的車窗。風力強勁，大得驚人，整個車輛不停的搖晃。雖然我們擔心害怕，卻也只能奮力前進。

一旦駛入「白沙漠」深處，能見度越低，最後連5公尺外的景物全部變成一片的迷茫未知。

我們被籠蓋在這個大沙罩內，自成一個世界。

埃善來過白沙漠上百次，我只能信任他對地理方位的掌控。雖說在這個「沙世界」內呼吸尚不成問題，但是細沙無孔不入。到處都是沙塵，風一陣強過一陣，沙子小石頭全被吹得漫天飛舞。而細沙不斷的鑽進了我們的眼底耳裡鼻孔內，連頭髮也糾結粘膩成一塊塊，令人十分不舒服。

此際塵沙已經吹得如火如荼，我們被逼著逆風行走，沙粒仍刺刺癢癢的釘打在我們的臉上。雖然穿著長袖衣服，薄薄的衣物也無法保護我們的皮膚。

我這輩子從來沒有見過天空會有這樣多的沙子，橙黃灰黑、鋪天蓋地！這陣沙暴無止境的吹，一吹就是一個多星期，日夜都顛倒了。

我的「白沙漠」經驗中沒有亮麗的岩石，只有無盡的沙子。

1.沙暴中的白沙漠，黃濛濛一片／**2.**想要在沙暴中的白沙漠找尋方向還真不容易／**3.**孤立在沙暴中的四輪傳動車

錫瓦綠洲

沙漠中的清澈綠地

Siwa Oasis

1.位於「亡者之山」的墓穴，它是錫瓦綠洲的地標／2.瓦希德溫泉，溫度可達攝氏40度／3.馬拉奇湖(Lake Malaki)，湖水冰涼(1.2.3.圖片提供：i小v的世界拼圖/from PIXNET)

錫瓦綠洲(Siwa Oasis)位於埃及距離利比亞(Libya)邊界約50公里的沙漠中。它的地勢低於海平面25公尺，綠洲內有300多處淡水清泉。

綠洲主要的農作物是椰棗和橄欖，居民大都是柏柏爾人。由於地理位置偏僻孤立，錫瓦人保留了他們傳統的風俗習慣，甚至連語言都與埃及其他地方相異。

錫瓦綠洲著名的景點除了「亡者之山」和霞麗古城(Fortress of Shali)之外，值得一提的還有埃及豔后克麗奧佩托拉溫泉(Spring of Cleopatra)。

據說這個溫泉常年保持著攝氏30度的水溫。比較夏日沙漠的酷熱氣溫(攝氏40度)，它的泉水可謂是「夏涼冬暖」啊！後人圍著埃及豔后溫泉修築一個圓形池子。近年來池水轉綠，如今也只剩下當地小孩快樂的在池岸戲水。

一般遊客若要前往錫瓦綠洲，通常先從開羅到亞歷山大城，再轉搭10小時車程的巴士到錫瓦。

若想直接從巴哈利亞綠洲到錫瓦綠洲(或者反方向)，必須預先安排四輪傳動，並提前一天向軍方申請許可(約10元美金)。沿途會有10多處的哨站檢查，路況尚佳。但是近年來沙漠多有伊斯蘭武裝份子出現，危險意外皆由自己負責。

沙漠中的小典故

錫瓦綠洲與先知阿蒙

自古以來，錫瓦綠洲有不少傳說。最著名的是西元前525年，波斯國王岡比西斯(Cambyses)推翻了埃及法老王Psamtek III。當時錫瓦綠洲有一神廟，先知阿蒙(Oracle of Amun)預言岡比西斯的死亡噩運。岡比西斯很不滿，派遣了一支5萬人軍隊來錫瓦要抓先知阿蒙。

據傳大軍在沙漠裡碰上大沙暴，迷失了方向，結果全數在大沙海(Great Sand Sea)消失。有人說他們曾經撿到白骨和兵器，但事實如何至今成謎。

西元前331年，亞歷山大大帝亦曾經來錫瓦綠洲向先知阿蒙求取神諭。阿蒙宣稱亞歷山大是希臘神祇，即宙斯神(Zeus)的眾子之一。

在綠洲之家，從客旅變朋友

因為是星期五，我的導遊埃善(Esam)和他的麻吉好友桑米(Samy)趕著在12點半以前到清真寺去集會。埃善建議我到他家裡去吃午餐，他說：「我太太今天會做巴格里亞(Baglia)，是很特別的一道菜喔，綠洲才有。我們只在星期五才吃巴格里亞。」

融入綠洲人的田園耕種、虔誠信仰的生活中

埃善的妻子叫做海燕(Hai Yaan)，意思是Love(愛)。埃善的母親叫法蒂瑪(Fatima)。我們進屋時，法蒂瑪正在後院土窯烤麵包。法蒂瑪與我即使語言不通，卻也能夠「交談」。她介紹我認識她家的小果園。小小幾坪土地上種滿了各種果樹，有香蕉、柳橙、石榴和椰棗。樹下有著一叢叢烹飪用的香草，非常茂盛。在土牆一角，他們還養了一窩乳鴿和幾隻黑白的雜色山羊。沙漠綠洲離我們所謂的「超級市場」太過遙遠，住在綠洲的人不得不過著現代人特別羨慕的「耕農」生活方式。

法蒂瑪是個虔誠的穆斯林。男人們去了清真寺之後，她面對著麥加，在泥土地上鋪上一面潔淨地毯。她先「淨身」，取下她的包頭布，在花白的頭髮上抹些髮油。清香的髮油是棕櫚油和檸檬油的混合。

海燕一直在廚房裡忙著。不久，埃善的父親戴辛(Dai Sin)和孫子約瑟夫(Youseff)從市場回來。戴辛看我的眼神不太友善，但是言語上還是帶著主人的威嚴與禮貌。還好法蒂瑪扮演我們之間的橋梁，之後再經由自然的微笑、友善的手勢，我們的關係也漸趨融洽。

1

2

埃善的父親戴辛，他在示範貝都因人的茶道

這時，埃善作完禮拜回來，他替我們作翻譯。原來許久以前，戴辛的祖先從錫瓦綠洲那頭遷移過來，戴辛的家族原是貝都因游牧民族。當然，不管是柏柏爾人或貝都因人，遷移來遷移去，他們都還是撒哈拉沙漠的人。綠洲裡幾乎人人相識、互有親戚關係。親戚間互通婚姻也是很正常的現象。

為了招待我這位遠來的不速之客，戴辛從布簾後搬出他全套的茶具行頭。令我驚訝的是他們沒有瓦斯爐，竟然直接在瓦斯桶上燒水煮茶。戴辛搖身一變，成了茶藝專家，他很自豪的宣稱他的薄荷茶與眾不同，祕訣在他同時用紅茶和中國珠茶當湯底，再加薄荷葉和7顆方糖。

接受戴辛一家人的真誠款待，我也感受到綠洲人自古以來的好客情誼。

「I come to your shore as a stranger, I lived in your house as a guest, I leave your door as a friend, my earth.」

「大地啊，來到你岸邊時我是陌生人；住在你的房子裡我是一個旅客；如今離開你的家門，我卻已是一個朋友了。」

(泰戈爾(Rabindranath Tagore)，《漂鳥集》(Stray Birds)

1.我的導遊埃善教他的兒子約瑟夫開車／**2.5.**綠洲婦女，常在自家後院的土窯烤麵包／**3.**巴哈利亞綠洲的村落，居民養雞養羊維生／**4.**沙丘已漫蓋到村落邊緣，看來觸目驚心

金字塔古文明巡禮

開羅是一座非常古老的城市，它也是通往古埃及文明的大門。

一走出開羅機場，黃沙塵霧撲面而來。你知道自己已經處在一個沙漠國家，更精確的說，你已經來到尼羅河畔、金字塔旁。從這一刻起，你將開始印證歷史課本上教你的那些名詞：法老王、獅身人面像、紙莎草、孟斐斯、木乃伊、底比斯……哇！太神奇了，原來它們都是真的。這個旅程你將目不暇給，你的心靈也將感受到埃及古文明所帶來的啟示與震撼。

然而即使身處沙漠之中，你最常聽見的卻不是「沙漠」這兩字，而是「金字塔」。很顯然的，不管你喜不喜歡看法老王的陵墓，若沒有到過吉薩金字塔群，簡直很難讓人家相信你曾經到過埃及。

吉薩的三座金字塔(古夫金字塔、卡夫拉金字塔、孟卡拉金字塔) ，以及獅身人面像，雄偉壯觀，是人類偉大的建築及文化遺產。如果有時間，建議也前往孟菲斯(**Memphis**)和階梯金字塔。

在開羅周邊除了有這些歷史地標必遊之外，你也必須騰出一天時間好好參觀埃及博物館的寶物，再到哈利利市集去血拼，買些價廉物美的紀念品帶回家。

開羅市區地圖

El-Agouza
Bulaq
El-Wahli
LINE 2
LINE 1
鐵路博物館
Railway Museum
開羅拉美西斯火車站
Cairo Ramses Station
15th of May Bridge
往機場
Zamalek
El-Mohandessin
納斯爾城門
Bab el-Nasr
El-Gamaleya
6th of October Bridge
埃及博物館
Egyptian Museum
開羅塔
Cairo Tower
哈利利市集
Khan El-Khalili
侯賽因清真寺
Al-Hussein Mosque
阿茲哈爾清真寺
Al-Azhar Mosque
El-Dokki
阿伯丁宮
Abdeen Palace
伊斯蘭藝術博物館
Museum of Islamic Art
Abdin
阿茲哈爾公園
El-Azhar Park
Garden City
El-Heimeya / El-Gedida
尼羅河
Nile River
藍色清真寺
Blue Mosque
El-Sayeda Zeinab
The Citadel (El-Qalaa)
開羅大學
Cairo University
Cairo University Bridge
穆罕默德・阿里清真寺
Mohammed Ali Mosque
曼尼爾宮博物館
Manial Palace Museum
薩拉丁城堡
The Citadel
Manial el-Roda
Geziret el-Roda
Abbas Bridge
Giza
Old Cairo / Misr el-Qadima
(伊斯蘭舊城區)
吉薩火車站
Giza Train Station
往吉薩金字塔群
科普特教堂及博物館
Coptic Museum & churches

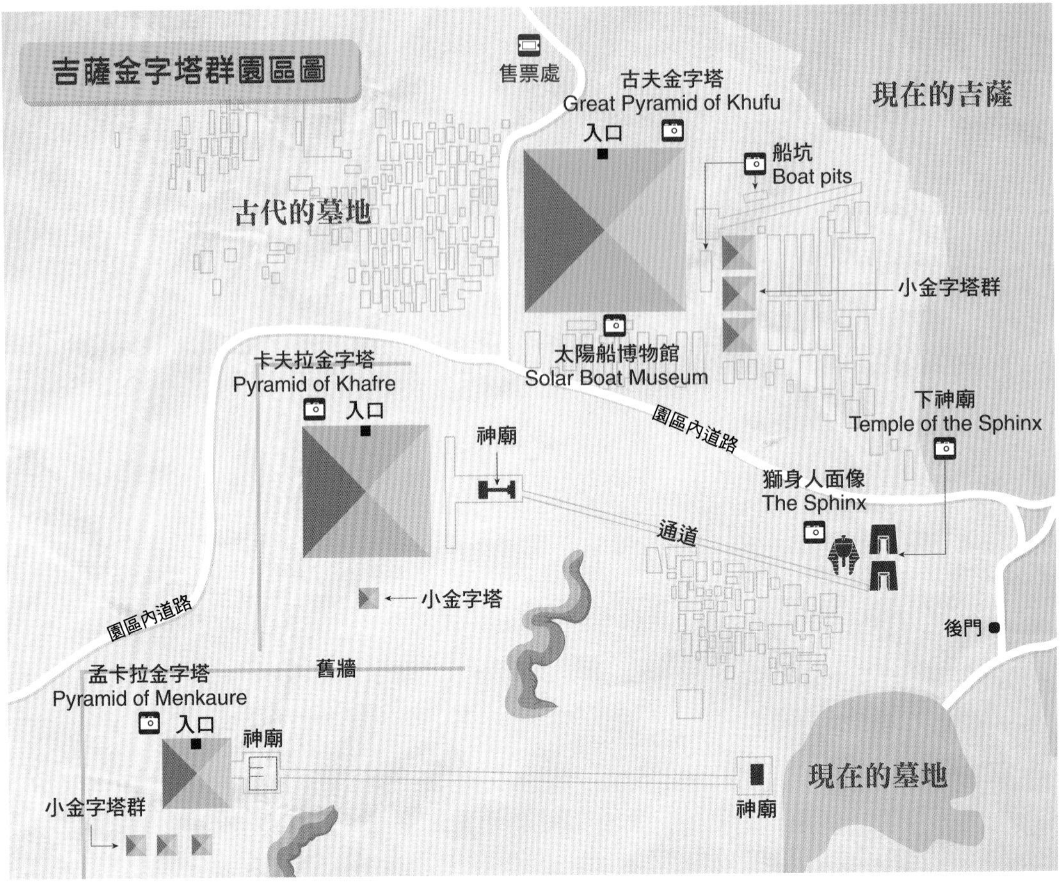

吉薩金字塔群園區圖

售票處
古夫金字塔
Great Pyramid of Khufu
入口
現在的吉薩
船坑
Boat pits
古代的墓地
小金字塔群
太陽船博物館
Solar Boat Museum
卡夫拉金字塔
Pyramid of Khafre
入口
下神廟
Temple of the Sphinx
園區內道路
神廟
獅身人面像
The Sphinx
通道
小金字塔
園區內道路
後門
孟卡拉金字塔
舊牆
Pyramid of Menkaure
入口
神廟
現在的墓地
小金字塔群
神廟

開羅市區

吉薩金字塔群
Giza Pyramids

雄偉壯觀的法老王墓群

Al Haram, Giza，Cairo
08:00～16:00，古夫金字塔12:00～13:00關閉
金字塔群園區L.E.80，太陽船博物館另加價L.E. 50，進入古夫金字塔L.E.200
從Heliopolis到金字塔可搭355、357號公車，或地鐵2線再轉搭計程車
www.sca-egypt.org，門票價格時有浮動，請上網查詢
MAP P.144

金字塔是法老王的陵寢，是一種建築設施，用來幫助法老王在逝世後能安全的由人升入天界去當神。據考察結果，埃及約有100多座金字塔，有些已傾圮不可復見，有些則尚未被挖掘發現，仍深藏於沙漠之中。

法老王的陵寢內除了木乃伊外，還有陪葬的日常用品與珠寶。可惜自古以來盜墓者猖獗，考古學家發現的大都已是空墓。眾陵墓中陪葬品收藏最豐富完整的該屬帝王谷出土的「圖坦卡門」(Tutankhamun)。它也是位於埃及博物館二樓，最讓遊客趨之若鶩的館藏。

而諸多金字塔之中，以吉薩金字塔群最為世人所熟知，它也是世界七大奇蹟之一。自古以來，參訪吉薩金字塔群的遊客絡繹不絕。即使在數百年前，這塊土地上已有來自歐洲和英國、穿著維多利亞長裙的旅人。近年來，金字塔廣場邊更是經常擁擠著數十輛遊覽車，滿載著來自中國的遊客。原來，人類對古文明的渴慕之心是亙古不變的。

吉薩金字塔園區裡風光壯麗。三座雄偉的金字塔：古夫金字塔、卡夫拉金字塔、孟卡拉金字塔，再加上獅身人面獸像，整日裡，晨曦或晚霞，光影不停的在石壁上幻化著各種色彩。

到了夜裡8點，園區內還會放映燈光秀。Show通常有兩場，遊客多時會多加1場，分別用英語、法語、日語或其他語言來播放，並且以說故事的方式來介紹金字塔的歷史背景。夜間燈光秀是從園區後門進入的。若是住宿在後門區的旅店，可以上到旅館頂樓去觀賞免費的燈光秀，它亦是此區業者招攬顧客的賣點。

1

2

1.觀光警察騎著駱駝在金字塔群園區巡視／2.從導遊穆斯塔法站立位置，可同時拍攝到3座金字塔

古夫金字塔

古夫金字塔(Great Pyramid of Khufu)完成於西元前2570年，它是吉薩金字塔群中規模最大的金字塔，通常又被稱為「大金字塔」。

遊客們在園區前門下了車，仰頭一望，立即被大金字塔的雄偉氣勢震懾住，個個瞠目結舌，嘖嘖稱奇。古夫金字塔雖然歷經了4,000年風沙與人為的破壞，至今依舊宏偉壯觀，目前它的高度是137公尺。我們站在金字塔下，方知那將近230萬塊巨石所堆聚起來的力量是何等驚人，而這些巨石岩塊平均每塊重達2.5公噸。

轉眼，我們看見金字塔上方有一封閉了的入口，支撐它的是一道人字形的巨石。據說，這個入口當年是被盜墓人用炸藥炸開的。如今的出入口則在原入口的下方。除非你十分感興趣，否則進入金字塔墓穴內要額外付L.E.200。墓穴通道低矮狹窄，不通風，墓室內也空無一物。這是因為盜墓猖獗，墓內寶藏早已被搜空，世人僅在古夫金字塔內發現了一尊古夫法老王的小雕像。雕像目前保存於開羅的埃及博物館。

在大金字塔的南北側，考古學家發現了停泊船隻用的船坑。他們也發現古船的碎片。最後花費14年時間，他們硬將這艘用雪松建造的古船重新拼建，目前這艘埃及古船在

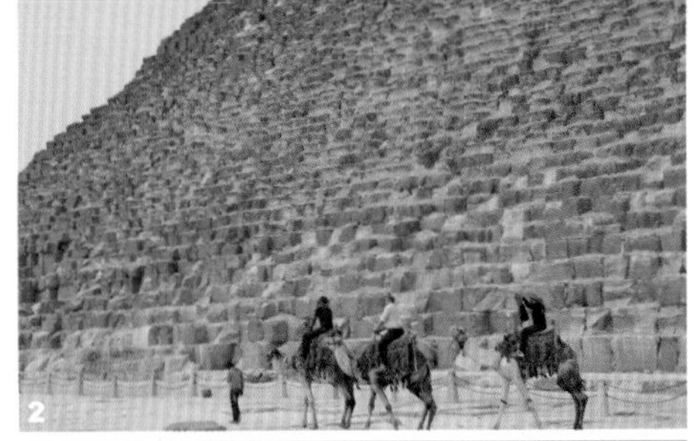

1.晨曦中的古夫金字塔，左側是「太陽船博物館」／**2.**人在金字塔下顯得很渺小

「太陽船博物館」(Solar Boat Museum)展示。古船不是為了祭祀使用，據說它們真的是古夫法老王的「私家快艇」。

很可惜，像古夫金字塔這種大工程，人類至今仍然只能猜測它們是如何建造的。雖然經歷無數的考古研究，我們甚至無法確認，古夫金字塔內那間已被發現的法老王棺室，就是古夫法老王真正的下葬地點。研究金字塔的人說，大金字塔位於地球的中央。他們使用各種地理天文、物理數學的計算方式來解說金字塔，或許他們說的頭頭是道，聞者卻是越聽越糊塗。最後有些人還是忍不住懷疑，嗯！可能金字塔是外星人的傑作吧？

沙漠小知識

古代世界七大奇蹟

包括有：埃及吉薩金字塔、埃及亞歷山大港燈塔、伊拉克巴比倫空中花園、希臘奧林匹亞宙斯神像、希臘羅德島太陽神銅像、土耳其以弗所亞底米神廟，以及土耳其博德魯姆摩索拉斯王陵墓。

卡夫拉金字塔

卡夫拉法老王埋葬在卡夫拉金字塔(Pyramid of Khafre)，他是古夫法老王的兒子。這座金字塔高136公尺，它因為建築在較高的地勢，所以看似比古夫金字塔大，其實不然。其東部有一座御廟(葬祭廟)。廟前原有52個卡夫拉法老王的雕像，如今已不復見。據說是拉美西斯二世命令人移走的。

卡夫拉金字塔，駱駝身後是絡繹不絕的訪客

卡夫拉金字塔看似鶴立雞群，它的頂端仍殘留著平滑的石灰岩裝飾，類似帽蓋在陽光下閃著金色的光輝。據說它的尖頂曾經覆蓋有金鉑片，如今已不復存在。

孟卡拉金字塔

孟卡拉金字塔(Pyramid of Menkaure)位於吉薩金字塔的最南端。

這座金字塔的規模僅有古夫金字塔的十分之一。考古學家只在塔底內發現孟卡拉法老王的遺物，並沒有發現他的木乃伊。

有3座小金字塔圍繞在孟卡拉金字塔附近，它們是法老王古夫的3位妻妾的墳墓。另外有一些平頂土墳，它們則埋葬著古夫的孩子。

一般遊客不會專程去孟卡拉金字塔參觀。許多時候，這座金字塔也是閉館，不對外開放。團體遊客在參觀古夫金字塔和卡夫拉金字塔之後，他們通常會被帶往一處新開闢的空地。這裡有賣紀念品的攤販和流動式廁所。這個據點能夠同時拍攝到3座金字塔，也可以在此乘坐駱駝越過園區。

1.沐浴在晨光中的吉薩金字塔群／**2.**孟卡拉金字塔較小，在圖片最左方

獅身人面像

獅身人面像(The Sphinx)位於卡夫拉金字塔旁，據說是在西元前2530年由卡夫拉法老王所建。它是世界上最古老的紀念雕像，經過聯合國教科文組織10年的修復，於1998年全面竣工。

獅身人面像長73公尺，高20公尺，是石灰岩材質。它蹲坐在卡夫拉法老王的墳墓前，保護法老王不受惡靈侵害。

在我們進到獅身人面像這個區域之前，首先會來到「下神廟」。這座神廟是用粉紅色的花崗石建造的，相當堅固。而且，石塊與石塊之間的砌合面十分緊密，類似我在祕魯的「馬丘比丘」所見之建築格式。

獅身人面像的鼻子在早年已被摧毀。有人說，它是在十三世紀時遭受埃及蘇丹馬穆留克的士兵所破壞。然而，我們最常聽見的傳聞是，拿破崙的軍隊曾經用槍來射擊獅身人面像的鼻子。支持拿破崙的人說「冤枉啊，大人！」他們宣稱拿破崙是個保護古物的人。眾說紛紜，如今再追究原兇似乎已不太重要。

沙漠中的小典故

獅身人面像的傳說

關於希臘神話裡的怪獸史芬克斯(The Sphink)，傳說是這樣寫的：

希臘天后希拉(Hera)派史芬克斯坐在懸崖上攔阻通道上的路人，問他們一個詭異的問題。每個人都必須回答，答錯或者答不出來，他們就會被這隻怪獸吃掉。

史芬克斯的問題是：「什麼動物早晨用四條腿走路，中午用兩條腿走路，晚上用三條腿走路？」

很多人都答不出，不幸被怪獸吃掉了。

結果答案是：「人！」早、中、晚分別比喻人類的幼年、中年與老年，所以四條腿代表嬰兒，三條腿代表老人+拐杖。

謎底最終被底比斯的國王伊底帕斯(Oedipus)給猜中了。

1.位於獅身人面像旁的下神廟，建材是花崗岩／**2.3.**獅身人面獸像背後的故事，有神話和傳奇

埃及博物館 Egyptian Museum

數千年的歷史文化珍藏

✉Midan al-Tahrir，Cairo
◷09:00～19:00
$ 全票L.E.75(學生票價折半)，要進「木乃伊室」則另加付L.E.100
➡ 搭乘地鐵1號線和2號線地鐵，都可在Sadat站下車，很近，走路可到。或者可從市中心搭計程車，記得上車前要先議價
http www.gem.gov.eg，門票價格時有浮動，請上網查詢 MAP P.143

埃及博物館是一棟看似平凡的磚紅色建築，位於開羅市中心、尼羅河畔。

若是錯過埃及博物館這個重要的知識寶庫，鐵定會讓人扼腕。當然，在到博物館之前，如果能先閱讀埃及的歷史資訊，在欣賞寶物時就會有「相遇相知」的驚艷。

古老質樸的兩層樓建築裡，分別展示了古埃及和古羅馬統治時期的珍藏。這裡的館藏龐大而珍貴，足以令人瞠目結舌。一樓的展覽依年代來區分，此處展示著不計其數的木乃伊棺槨及法老王雕像。二樓則是主題館，這裡有讓遊客趨之若鶩的圖坦卡門(Tutankhamun)館和木乃伊室。光是圖坦卡門館內，就有1,700多件的珍品。埃及博物館內的珍藏，琳琅滿目，幾個星期也看不完。館內角落常有學生席地而坐，專心的在臨摹真品。

在埃及博物館除了看木乃伊、石棺、石像之外，值得推薦的館藏還有法老王和后妃們的珠寶展覽室，以及樓梯間的紙莎草歷史畫作。這些古埃及寶石首飾做工精巧，它們的造型至今仍替珠寶設計師們提供不少靈感。紙莎草畫作歷古彌新，色澤數千年不變，實在值得你停下腳步來細細欣賞。

埃及博物館是一棟磚紅色建築，館藏豐富(圖片提供：Hinoki/from PIXNET)

哈利利市集 Khan El-Khalili

令人懷念的老集市

- 開羅市東北角，Qism El-Gamaleya,主街 Nafak Al-Azhar
- 每天從日出開到日落，週五早上和週日則整天不開
- 搭計程車最安全，也最便捷 MAP P.143

哈利利市集年代悠久，位於開羅老城區。1382年，當時的蘇丹在皇家墓園原址之上成立了市集。後來此處日益繁榮，一度是駱駝商隊的貨物集散地。據稱當年它也是中東最大的集市。

如今哈利利市集裡共有1,000多家商店，這裡看來髒亂喧嘩，巷道也宛如迷宮，卻是到處生氣勃勃。

哈利利市集的貨物種類繁多，是遊客們在離開埃及前購買紀念品和手信的好地方。這裡除了吸引遊客的物品之外，販賣的還有黃金及純銀首飾、純棉紡織、紙莎草畫、水煙管、阿拉伯燈飾、精油和香料等。至於殺價的功夫，就全靠個人的手段與腦筋應對了。

市集裡有幾家咖啡店，其中以建於1773年的費夏維咖啡館(El Fishawy Café)最為有名。這間咖啡館曾經出現在電視紀錄片與電影場景之中。

市集旁還有侯賽因清真寺、阿茲哈爾清真寺和穆塔哈爾清真寺。侯賽因清真寺(Al-Hussein Mosque)建於1154年，內有侯賽因的墓室。至今，仍有一些什葉派穆斯林會到此瞻仰禮拜。阿茲哈爾清真寺(Al-Azhar Mosque)則建於970年法蒂瑪王朝時期，它有5座建築風格絕美的宣禮塔。

1.2.侯賽因清真寺在哈利利市集旁邊，歷史同樣悠久／**3.**哈利利市集是購買紀念品和手信的好地方(圖片提供：Hinoki/from PIXNET)

開羅近郊

一般而言，只要遠離尼羅河，放眼望去的埃及就只剩下黃沙萬里。

***1960**年前，當亞斯文高壩(**Aswan High Dam**)尚未完工之際，據說人們仍可以順著尼羅河，乘船來到金字塔的岸邊。如今這裡已一片乾涸，除了破碎的墓葬群古蹟之外，就是一望無際、乾旱無比的荒漠了。*

在這片荒漠中坐落著埃及的第一座金字塔，也就是階梯金字塔。這裡還有古埃及數代王朝的首都，那就是我們耳熟能詳的孟菲斯。

階梯金字塔 Step Pyramid of Djoser

埃及的第一座金字塔

- Saqqara，Al Badrashin，孟菲斯的西北方
- 08:00～17:00
- 全票L.E. 80(學生票價折半)
- 位置偏遠，範圍廣，可在開羅包租計程車，自駕，或搭迷你巴士到Saqqara
- www.sca-egypt.org，門票價格時有浮動，請上網查詢

階梯金字塔位於開羅南方30公里外、孟菲斯以西的薩卡拉高地(Saqqara Plateau)。

進入薩卡拉園區之後，出現在我們眼前的是一間冷氣滿強的小型博物館。

印和闐博物館(Imhotep Museum)裡除了保存階梯金字塔內發現的藍綠色、彩陶牆面裝飾之外，還有古希臘羅馬時期的木乃伊，當年使用的一些工具器皿，以及在烏納斯(Unas)金字塔通道裡發現的金字塔銘文(Pyramid Texts)。這些銘文中有用埃及文書寫的猶太人方言。

沙漠小知識

薩卡拉底下的謎

薩卡拉又被稱為「亡者之城」(City of the Dead)，在這個9平方公里的土地上，因為風沙的侵襲，昔日的建築倖存無幾，階梯金字塔也正在修復中。白花花的豔陽之下，只見一大片的碎石與細沙。據稱，不少掩埋在地底下的法老王墓穴和神廟，數千年來竟無人去挖掘或考古，至今仍然是一個謎。

1.階梯金字塔是左塞爾的宰相印和闐所設計／**2.**兩個貝都因人騎驢和馬在階梯金字塔前(圖片提供：番茄媽咪愛旅行/from Pixnet)

1

2

博物館進門處有兩尊雕像，一尊是埃及第三王朝的法老左塞爾(Djoser)，另一尊是左塞爾的宰相印和闐(Imhotep)。雕像是印和闐博物館向埃及博物館借來展出的，我很幸運能有此機緣欣賞到。

據說當年，法老左塞爾在夢裡看見一座天梯。醒後，左塞爾就命令印和闐興建階梯金字塔，藉此讓他在死後可通向天界。因此，階梯金字塔又叫做「左塞爾金字塔」。

階梯金字塔估計建造於西元前2667～2648年，又有一說法是建於西元前2630年。它的主要建材是石灰岩。這座複合式建築群至今保存尚佳，它是埃及的第一座金字塔，也是世界上最古老的方石建築。

階梯金字塔的一些格局皆與其後的金字塔設計不同。很明顯的一點，它只有一道圍牆保護，而不是兩道。曾經這道圍牆高10.5公尺，有14個門，只有在東南邊那個門才是真正的出入口。這個「真門」連接一條通道前往加蓋的石柱走廊，它才是法老王今世與未來的管道。只可惜，再精心設計的建築也敵不過歲月的變遷。我看到的「圍牆」，如今只是一行傾圮破損的石塊地基。

1.加蓋的柱廊，是法老王通往未來的管道／**2.**階梯金字塔的園區大門，極具現代感(**1.2.**圖片提供：番茄媽咪愛旅行/from Pixnet)／**3.**石柱上的象形文，階梯金字塔已剩斷壁殘垣／**4.**階梯金字塔的柱廊石板道

沙漠小知識

學識淵博的印和闐

印和闐(Imhotep)出生於西元前27世紀，是法老左塞爾的宰相和御醫。他聰明睿智，才能卓越，曾是太陽神大祭司，也是階梯金字塔的設計與建築總監。

歷史上的第一所醫學院，就是由印和闐設立的。他曾經醫治過200多種疾病，為古埃及醫學奠基。印和闐的學識與成就深受人民崇拜，因此在他死後2000年，埃及人開始將他神化，甚至把他當成神明祭奉在廟宇裡，供人求神問卜。

印和闐在逝世之後沒有墳墓，他的死因至今也仍令人匪夷所思。有趣的是，到了我們這個時代，印和闐搖身一變，變成了一個大壞蛋。在電影《木乃伊》和《神鬼傳奇》系列(The Mummy)之中，印和闐被醜化成一個會法術的祭司。他因為愛戀法老的小妾，謀害法老，最終被判「蟲噬」極刑而成為惡靈，永不超生。

孟菲斯
Mit Rahina Museum, Memphis

數代王朝的故都

- 開羅南方20公里處，靠近Mit Rahina小鎮
- 09:00～17:00
- 全票L.E.40
- 可搭巴士330或迷你巴士到Saqqara，再轉計程車到Mit Rahina
- www.sca-egypt.org，門票價格時有浮動，請上網查詢

孟菲斯位於開羅南方20公里處，是一個有5,100年歷史的古埃及重要城邑，它也是上埃及和下埃及的分界點。

在以往，尼羅河每年都會泛濫成災。因禍得福，水災也帶給尼羅河三角洲肥沃的土壤，帶給下埃及繁榮與富庶。由於孟菲斯掌扼尼羅河三角洲的河口，從古埃及到古地中海時期，它一直都占據重要的軍事戰略地位。因此，孟菲斯也曾是埃及8個王朝的首都。

當年，孟菲斯是埃及商業貿易的中心，它也曾經是世界上最大的城市。

孟菲斯曾集貿易、宗教、文化於一身

歷史上，孟菲斯被稱為「白城」、「白色的堡壘」、「永恆之地」，或「卜塔靈魂的所在」(Hut-ka Ptah)。卜塔，即「創造與藝術之神」。因此，孟菲斯又兼享有宗教與文化的重要地位。

英文的Egypt一詞，源自於孟菲斯的希臘文翻譯。而在聖經中，孟菲斯被稱為Moph(另一寫法是Noph)。

前門院落裡，這座獅身人面雕像有8公尺長(圖片提供：i小v的世界拼圖/from PIXNET)

孟菲斯的繁榮，一直持續到古埃及時期的後期。之後，孟菲斯不斷遭受庫斯人、亞述人和波斯人等外族的入侵。及至西元前332年，亞歷山大大帝在卜塔神廟登基，自此希臘人便完全控制了埃及。到了托勒密時期，孟菲斯開始衰敗沒落，它的政經地位最終被亞歷山大港口所取代。

曾經的繁華榮景成追憶

如今，孟菲斯已無人居住，它只是一個歷史遺址，一個供後人憑弔懷古的地方。孟菲斯的金字塔、神廟和馬斯塔巴(Mastaba)等遺跡在1979年被聯合國教科文組織列為世界遺產。

我們從前門進到「孟菲斯生態博物館」的園區，首先躍入眼簾的是一座保存良好的獅身人面雕像。據稱，它是埃及第二大的獅身人面像，來自第十八王朝。獅子的臉是阿蒙荷泰普二世，獅身全長8公尺。

後院裡也或站或坐的豎立著不少巨大的雕刻石像。屈指一算，光是「拉美西斯二世」就有好幾尊。

在埃及，遊客最耳熟能詳的法老王大概就非「拉美西斯二世」莫屬了。因此在埃及旅行，到處可見他當年大興土木的工程建築。

在孟菲斯，原來有兩座「拉美西斯二世」的巨大雕像，分置在卜塔神廟的東門。它們的身高10公尺多。完整的那一座曾在開羅的火車站廣場(Bab Al-Hadid)展覽。另一座的兩腳卻損毀了，但是依然有8公尺高。結果，埃及政府決定圍繞著這座拉美西斯二世的巨大雕像，修築了「生態博物館」。

圍著拉美西斯二世的雕像，修築了生態博物館(圖片提供：i小v的世界拼圖/from PIXNET)

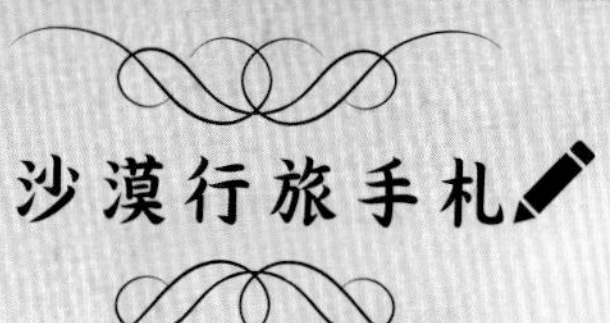

沙石底下的神廟

階梯金字塔本身正在維修，我們只能遠望瞻仰它。由於階梯金字塔實在太老了，據說它的維修工作永遠都在進行中。

在階梯金字塔園區，除了金字塔之外，我們還拜訪了石柱走廊、城牆和神廟。

為何建築物全蓋在地底呢？

漫步行過柱廊石板道，我的導遊穆斯塔法不時指向沙堆中的洞穴，自己嘰哩呱拉，說了一大堆古埃及王朝的名字和哪位什麼法老王之類。我則百思不解的觀察這些地底的建築物，越看越感覺奇怪。難道古埃及的居民都住在地下？

走呀走的，穆斯塔法和我接著又來到一處沙堆旁。他指著陷在地底的一座神廟，馬上又要開講，對我解說。

「等等，穆斯塔法。一個問題！這座神廟為什麼會建在地下呢？」我問。

「噢，其實它本來是建在地面上的。經年累月受風沙吹襲，慢慢的這座神廟就被沙子淹埋了，方才成為今日這種模樣。」

哈！終於讓我看出端倪。原來我們今日的立足之處已高出原先地面數公尺。天哪！這些沙子也太厲害了吧！滴水可以穿石，細沙也有毀滅的力量。看來，這座「地底神廟」就是一個光陰歲月在沙漠中推波助瀾的明證。

尼羅河孕育的沿岸城鎮之旅

尼羅河全長6,853公里，是世界上最長的河流。雖然，巴西人爭論說亞馬遜河(Amazon)才是第一，但未經證實。

尼羅河的源頭是兩條支流：白尼羅河(White Nile)和青尼羅河(Blue Nile)。據考證，白尼羅河源於盧安達的紐格威森林(Nyungwe Forest)，又有一說是源於維多利亞湖(Lake Victoria)。青尼羅河則源於衣索匹亞高原上的塔納湖(Lake Tana)。

尼羅河流到了蘇丹與埃及的邊界，這裡出現了六組小瀑布區(cataract)。阿布辛貝(Abu Simbel)在第二小瀑布區北邊，亞斯文(Aswan)則在第一小瀑布區。

尼羅河孕育了埃及及沿岸城市

古時候，尼羅河每年一到夏天就會固定泛濫。雖然造成破壞與傷亡，但是肥沃的淤泥也造就了繁榮的尼羅河三角洲。「埃及是尼羅河的贈禮」，此話不虛。尼羅河在黃沙大漠中，孕育出埃及7,000年的歷史與文化。可以說，90%的埃及人口都居住在尼羅河兩岸和尼羅河三角洲。沿著尼羅河也出現了幾個大城市。比如古時候的底比斯(今日的路克索)和孟菲

斯。今日的大城市則有衣索匹亞的首都喀土木，以及埃及的首都開羅。
埃及人視尼羅河以東是出生之地，尼羅河以西是死亡之地。是故，金字塔和其他墓穴都興建於尼羅河的西岸。

1970年，埃及攔阻了尼羅河水，興建了亞斯文水壩。自此，水壩的水供給發電、灌溉並且遏阻洪水的泛濫。

搭乘埃及國內飛機，自空中鳥瞰，尼羅河就像一條墨綠色的錦帶蜿蜒迤邐在遼闊浩瀚的沙漠之間。整幅畫面很清楚的告訴我們，這塊大地若沒有尼羅河的河水，沙漠將仍然是沙漠！
若是身處地面，站立在尼羅河岸，或許會感覺尼羅河其實並不是一條寬廣的河流。但是，想必它的吃水量夠深，才能夠讓那些大型郵輪航行其中。

搭郵輪欣賞尼羅河風光

自從中東局勢變得緊張之後，一般旅行團就不去沙漠或西奈半島了。他們到埃及，大都打著遊河的旗號，大肆宣傳尼羅河豪華郵輪(Nile Cruises)的行程。

在開羅，遊客們被安排在郵輪上享受精緻晚餐，一邊欣賞肚皮舞或蘇非旋轉舞的表演。而通常大家認知的尼羅河行程，也就是國際觀光團體所採用的豪華郵輪路線，即行駛在亞斯文與路克索之間，約200公里的河段。此處的尼羅河水平緩得宛如一面鏡子，最適合休閒式旅遊，遊客們可以在甲板上飲茶看風景。

除了尼羅河本身美麗的風光之外，沿著尼羅河還有無數的古蹟和名勝等待你下船去好好觀賞。其中，亞斯文、路克索和阿布辛貝這3個觀光大站，到處充滿著古埃及文化藝術，是最精采的露天博物館。

1

亞斯文

水壩替尼羅河把關

Aswan

對埃及而言，亞斯文可以牽一髮動全身。這裡有控制尼羅河水量的亞斯文水壩，它也是靠近邊界、極為重要的經貿與軍事中心。

在古埃及時代，亞斯文叫做西奈特(Syenite)，與貿易一詞同義。當時，它與努比亞就有繁忙的商業往來。尼羅河往北流，過了亞斯文，水流速度放緩，變得風平浪靜。看看地圖就可以明瞭，尼羅河卡在亞斯文這個「門檻」，再往上游去，就會碰到6個小瀑布區。因此，亞斯文很自然而然的就成為進入黑色非洲的大門。

其實，亞斯文身處黃沙大漠，罕見下雨，算是全世界最乾燥的地方之一。它唯一水源來自尼羅河。

會來亞斯文的遊客，通常會以此城為跳板，繼續前往阿布辛貝。若是在亞斯文停留，值得參觀的景點有：菲萊島(Philae)、亞斯文高壩、未完成的方尖碑、象島、努比亞村落，以及努比亞博物館。

我下榻的「飛來旅館」(Philae Hotel)替我安排了一個不貴的半日遊行程，景點包括：未完成的方尖碑、亞斯文高壩，以及飛來殿。

我們一出市區街道，繞過圓環，路旁右手邊便出現了一座採石場。遊客們到這裡為的是參觀一支已有3,500年歷史的「未完成的方尖碑」。原來，未完成的也值得參觀啊！

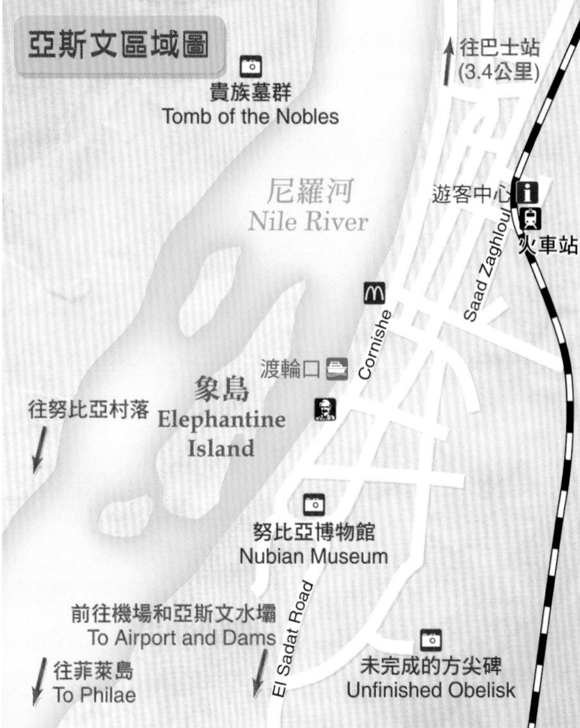

1.亞斯文舊壩在高壩的下方，必須常常清除淤泥／**2.**努比亞村落建於黃沙之上，尼羅河旁／**3.**三桅帆船行駛在尼羅河上，對岸是象島／**4.**亞斯文火車站，它是開羅至尼羅河谷地的鐵道終點

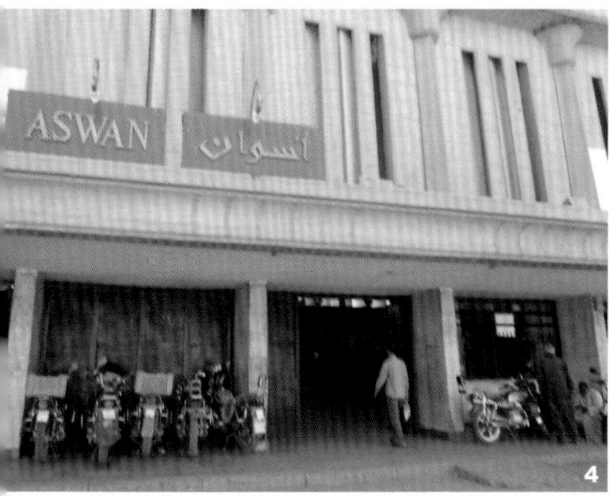

沙漠小知識

亞斯文的聯外對內交通

到亞斯文，除了75號公路(無尼羅河風景可欣賞)，建議還是搭乘火車。從開羅來，亞斯文是鐵路的終點站。每天，從亞斯文也有幾個火車班次返回開羅。當然，在埃及旅行最便捷的交通方式還是搭飛機。埃及航空的票價不貴，若提早上網訂票，經常可撿到大優惠。從開羅到亞斯文，飛行時間才1小時15分鐘。

亞斯文機場到市區約25公里，可乘計程車。在埃及搭計程車若是不懂得如何講價，先問問在旅館工作的人員，就可得知本地價。只要司機不是漫天要價，多付出一些埃及鎊是可以接受的，只要不當冤大頭就好。

飛來殿 Temple of Isis

依希絲神廟有數千年歷史

- 位於Shellal，亞斯文舊壩東北邊
- 07:00～16:00
- 全票L.E.60，學生票價折半
- 可搭計程車，或參加1日遊行程，在Shellal轉搭小船到菲來島
- www.sca-egypt.org，門票價格時有浮動，請上網查詢

飛來殿，是位於菲來小島(Philae)上，祭祀依希絲女神(Isis)的神殿。

有人叫它「菲萊殿」，但是我喜歡另一種翻譯。「飛來」，飄逸傳神，卻也隱喻它本來就不是建在這個島上，而是從鄰近水域「飛」遷來此。

島的原名叫阿吉利卡小島(Agilika Island)，但是現在大家都叫它「菲來」。

1.依希絲神廟的正門／**2.**依希絲神廟的柱廊／**3.**依希絲神廟牆上的浮雕／**4.**從船上遠眺菲來小島／**5.**神廟前有拉占涼亭，人稱「法老王的臥榻」

神廟雕工精美，當地信仰、文化中心

從碼頭上岸，首先映入眼簾的是遠處壯麗的依希絲神廟塔門。左手旁的古神廟有些傾圮，石牆上卻有一排栩栩如生的眼鏡蛇雕刻，雕工精細。眼鏡蛇是上埃及的守護神。沿著左邊陰涼的走道，廊柱下石壁間盡是歷史與神話的刻畫，也有不少古埃及象形文字，全都保存良好。壁間有一窗口可望向碧嘎小島(Bigga Island)。水鳥在紙莎草叢穿梭來去，水天一色、風光旖旎。

依希絲神廟是法老奈塔內博一世於西元前378年，為埃及依希絲女神所建的一間小廟宇。之後，托勒密王朝時又增建整修過。

這座依希絲神廟非比尋常，它融合了數千年的信仰與文化。走進殿內中庭，便可見到右側石壁上雕刻的十字徽章。原來在西元六世紀時，羅馬勢力已經伸展至此，依希絲神廟一度成為了基督教的教堂。

依希絲女神是婦女和孩童的守護神，她也是鷹頭神荷魯斯(Horus)的母親。根據記載，埃及人對依希絲的信仰崇拜可追溯到西元前七世紀。

依希絲神廟的內殿有一座花崗石神龕。原本上頭供奉有金身依希絲神，如今這座金身雕像存於法國巴黎。

走出神廟，左前方有一座亭台水榭叫做拉占涼亭(Kiosk of Trajan)，它又被稱為「法老王的臥榻」，此處風景曾出現在舊時的英國油畫畫作中。

水岸盛開著一叢粉紅色夾竹桃，映著碧水藍天，嫵媚生姿。微風夾著水氣吹拂過來，在水一方，飛來殿竟是如此靜謐怡人！

亞斯文高壩
Aswan High Dam

水壩供應埃及用電需求

- Manteqet as Sad Al Aali, Aswan
- 09:00～17:00
- 全票L.E.30
- 可搭計程車，或參加1日遊行程
- www.sca-egypt.org，門票價格時有浮動，請上網查詢

過了售票口，我們進入整潔又現代化的水壩園區。這裡有長堤可觀賞水壩雄姿，還有花樹繁密的休息地帶可歇腳看簡報。

亞斯文水壩分為低壩和高壩。低壩(也就是舊壩)因為無法控制洪水，是故埃及政府後來又興建了高壩。水壩在1971年正式啟用，提供了埃及1/2的電力需求，並且在防洪、灌溉，以及旅遊方面多有貢獻。

亞斯文高壩是世界第七大水壩，高111公尺，長3,830公尺。尼羅河水在水壩的上方形成了納瑟湖水庫。

然而因為人類將河流改道，肥沃的沖積土壤再也無法流到尼羅河三角洲，因而造成了土地沉降。自此，尼羅河的農漁生態亦遭受破壞。

1.亞斯文身處黃沙大漠之間，輸電塔也不例外／**2.**努比亞村落建於黃沙之上，尼羅河旁

未完成的方尖碑 Unfinished Obelisk

哈姬蘇女法老王建造失敗的方尖碑

- Dr Abd Al Rady Hanafe, Aswan，靠近Fatimid墳墓區
- 08:00～17:00
- 全票L.E.40，學生票價折半
- 距亞斯文市中心1.5公里，可搭計程車，或參加1日遊行程
- www.sca-egypt.org，門票價格時有浮動，請上網查詢 MAP P.159

在古埃及，法老王想慶祝戰功或是炫耀國威時就會豎立方尖碑。方尖碑的四面刻有象形文字，塔尖則包裹金片或銅片。我們最熟悉的方尖碑，大概就是巴黎協和廣場(Place de la Concorde)那座路克索方尖碑了！它是在1883年從埃及的路克索神廟搬移至此，時常出現在書中或電視裡。

方尖碑的作用除了政治、宗教等紀念性質外，它也可以當日晷來計時。一般而言，方尖碑是成對的，分別豎立在神廟塔門前的兩側。

「未完成的方尖碑」是哈姬蘇女法老王命人開鑿花崗岩建造的。由於花崗岩結構堅硬，又帶有粉紅色的光澤，向來是建築金字塔和神廟的上選石材。在全埃及，最好的花崗岩則是來自亞斯文。

雖然哈姬蘇女法老王野心勃勃，希望能打造出一支既高又雄偉的方尖碑。不幸天不從人願，工人在切割石塊時，底部中間產生裂縫，這支方尖碑不得不被放棄了。當然，哈姬蘇女法老王十分失望。若是他們當年能順利完成這個方尖碑，它的高度將會是42公尺，重量約1,200公噸。而哈姬蘇女法老王也可藉此方尖碑彰顯她的豐功偉業。

1.位於巴黎協和廣場的路克索方尖碑／**2.**未完成的方尖碑，可惜只能躺在地上(圖片提供：番茄媽咪愛旅行/from Pixnet)

沙漠行旅手札

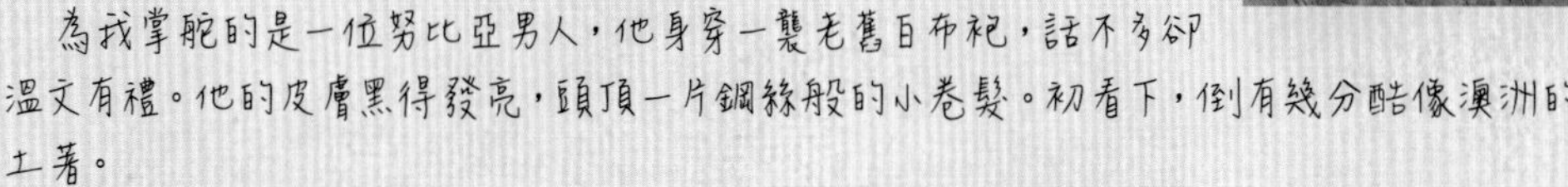

聊聊努比亞人的故事

我們的小船划向「飛來殿」，清新的水氣迎面而來，秀麗的風光極為賞心悅目。

為我掌舵的是一位努比亞男人，他身穿一襲老舊白布袍，話不多卻溫文有禮。他的皮膚黑得發亮，頭頂一片鋼絲般的小卷髮。初看下，倒有幾分酷像澳洲的土著。

據考古學家研究，努比亞的歷史可能比埃及更古老。考古學者在努比亞北邊發現，遠在一萬多年前那裡已有人類定居。到了西元前6000年，此處的人類甚至就能以立石來記載歲月。

許久以前，古努比亞被稱為「古實王國」(Kush)。他們分散居住在尼羅河的6個小瀑布區。由於努比亞(Nubia)出產黃金、象牙和黑檀，又位於地中海與黑色非洲的貿易大道上，自古以來都是古埃及掠奪和逼迫的對象。當年的努比亞還被稱為「製弓人之地」(Ta Sety)，古努比亞人以精通製弓聞名於大荒。他們說的言語是屬於尼羅一撒哈拉語系，證明他們是大漠的一族。

1995年努比亞全民公投之後，上努比亞於1956年獨立，是為蘇丹。下努比亞則仍然留在埃及境內，它的地理位置介於亞斯文和哈勒法旱谷(Wadi Halfa)之間。

納瑟湖的水位在亞斯文高壩建成後不斷升高，自此「飛來殿」便沉浸在水中，1971年後，連下努比亞也全部被淹沒了。作為努比亞人想必相當傷感。大部分的下努比亞人不得不遠離家園，向北地遷移到康翁波(Kom Ombo)附近。而那些留在亞斯文的努比亞人則因為失去土地，平時只能打打雜工或服務觀光客。

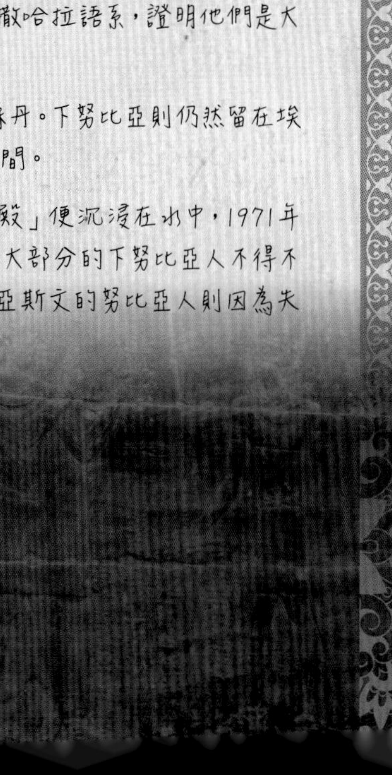

路克索

帝王谷與諸多神廟的聚集地

Luxor

路克索(Luxor)建於西元前十四世紀，它也是埃及新王國時期的首都「底比斯」。底比斯(Thebes)是希臘文翻譯，意思是「皇宮」。

路克索是前往各個古蹟景點的樞紐，往北可到康翁波(Kom Ombo)和埃德富(Edfu)，往南可到亞斯文和阿布辛貝(Abu Simbel)。遊客到路克索，在尼羅河東岸，他們迫切想參觀的景點有路克索神廟和卡奈克神廟。尼羅河西岸，因為代表「死亡之地」，這裡最著名的景點有帝王谷的法老王陵寢、哈姬蘇神殿，以及哈布神殿。

因為這些古蹟，每年數十萬的遊客來訪，路克索已發展成一個現代而繁榮的城市。沿著尼羅河岸，他們興建了不少豪華舒適的觀光旅館。城裡有傳統市集，也有貨品齊全的超市。我坐火車到路克索，乘飛機離開這裡，發覺路克索的交通住宿等旅遊設施皆十分便利。

路克索位於沙漠地區，陽光充足，氣候溫暖，夏日酷熱，日夜溫差極大。與亞斯文一樣，這裡幾乎從不降雨，水源全都是依靠尼羅河。

路克索區域圖

帝王谷
Valley of the Kings
哈姬蘇停靈神殿
Memorial Temple of Hatshepsut
皇后谷
Valley of the Queens
路克索哈布神殿
Medinat Habu
尼羅河
Nile River
路線Corniche el-Nil
卡奈克神廟
Temples of Karnak
路克索博物館
Luxor Museum
渡輪口
路克索神廟
Luxor Temple
火車站
路線Al-Mahatta
遊客中心

尼羅河東岸景點

路克索神廟 Luxor Temple

法國協和廣場方尖碑來自於此

🖂路克索市中心
🕒06:00～22:00
$ 全票L.E.60，學生票價折半
➡ 可以步行前往；或搭市內公車或計程車在路克索神廟下車
http www.sca-egypt.org，門票價格時有浮動，請上網查詢 MAP P.164

由於路克索神廟位於市中心，站在神廟前就可以欣賞到寬廣尼羅河面上的船隻往來。

興蓋路克索神廟的始祖是阿蒙霍特普三世(Amenhotep III)。之後，其他法老王亦有修補擴建，特別是第十九王朝的拉美西斯二世(Ramses II)時更是大興土木，方成今日的規模。

進入路克索神廟，左側就是拉美西斯二世塔門。塔門24公尺高，門前立了兩尊拉美西斯二世自己的坐像。原本在雕像旁立有一對方尖碑，1883年時，埃及拿其中的一座去和法國人交換了一口時鐘。這個事件，也就是巴黎協和廣場那座路克索方尖碑的由來。

神廟的中庭有建於十四世紀的阿布哈格清真寺(Mosque of Abu al- Haggag)，它的喚拜塔尖突出古建築群，與周遭景物極不協調。原本在這塊地基上也建有基督教的科普特教堂與古埃及建築物，後來它們全被尼羅河的淤泥淹埋了。如今遺址仍在，往事卻不勝唏噓。入夜後，路克索神廟有燈光秀表演。瞬間，一整排阿蒙霍特普三世大列柱廊(Colonnade of Amenhotep III)的石柱，在燈光下立即幻化成一座神祕又浪漫的奇異石林！

1.白日裡的阿蒙霍特普三世大列柱廊／**2.**路克索神廟前的方尖碑，另一座在巴黎／**3.**導遊說，路克索神廟以前是這樣(**1.2.3.**圖片提供：番茄媽咪愛旅行/from Pixnet)

卡奈克神廟 Temples of Karnak

埃及神廟的建築典範

- 距路克索市中心北邊2.5公里處
- 06:00～17:30
- 全票L.E.80，學生票價折半
- 可搭私人小巴(Microbuses)或計程車，在卡奈克神廟下車。小巴和計程車隨叫隨停，要記得議價
- www.sca-egypt.org，門票價格時有浮動，請上網查詢 MAP P.164

參觀卡奈克神廟需要有好腳力，因為它的規模實在宏偉，足足占地30公頃。

通過展覽大廳，我們來到大廣場。園區內，首先映入眼簾的是一條公羊石道，在它的兩側分別蹲踞著聖羊石像，羊頭獅身，每隔1公尺就有一尊。每當埃及人舉行宗教儀式時，他們通常會從卡奈克神廟出發，然後在路克索神廟結束。原本這條石板大道約有1公里長，如今中段損毀，僅剩下卡奈克神廟前和路克索神廟前的一小段。

神廟以祭祀太陽神阿蒙(Amon)為主，園區的中間部分就是太陽神廟，左邊是戰神蒙圖(Montu)的神殿。

太陽神殿中，最吸引遊客的是列柱大廳。大廳宛如高大的石林，內有134根石柱，每根都高達23公尺以上，直徑3.57公尺。石柱頂端是盛開的紙莎草花，橫梁將密集的石柱連結在一起，真能讓人看得眼花撩亂。

卡奈克神廟建於西元前3200年，如今被聯合國教科文組織列為世界遺產。它的建築格局已成為後代神廟爭相效仿的模式，可謂是埃及神廟的建築典範。

1.佩內傑姆一世(Pinedjem I)，膝蓋旁是他的妻子／**2.**卡奈克神廟的列柱大廳，宛如高大的石林／**3.**卡奈克神廟前的公羊石道，十分壯觀(**1.2.3.**圖片提供：Hinoki/from PIXNET)／**4.**聖羊石像的近照，羊頭獅身(圖片提供：番茄媽咪愛旅行/from Pixnet)

尼羅河西岸景點

*除了搭渡輪，在路克索南邊**8**公里處有一座跨河大橋，可聯繫尼羅河的東西兩岸。前往尼羅河西岸，建議參加**1**日遊旅行團或包租計程車。西岸的住宿選擇較少，都是純樸的村莊。*

*這裡因為是沙漠，請記得隨時補充水分。若是想看完所有的景點，要避開炎熱的太陽，每天務必盡早出門。幾乎所有景點都是早上**6**點開門，下午**5**點關門。*

哈姬蘇停靈神殿 Memorial Temple of Hatshepsut

女法老的三層神殿

- 又稱Deir el-Bahari，位於尼羅河西岸，帝王谷路
- 08:00～17:00
- 全票L.E.50
- 可承租迷你巴士或計程車，或參加1日遊團體
- www.sca-egypt.org，門票價格時有浮動，請上網查詢 MAP P.164

1.哈姬蘇神殿共有三層，以寬長的階梯連接／**2.**哈姬蘇神殿的哈姬蘇雕像抹胭脂，留鬍子

哈姬蘇(Hatshepsut)是埃及第十八王朝的女法老王，因為「垂簾聽政」之便，進而搶了兒子圖特摩斯三世的王位。後來，哈姬蘇對外宣稱自己是阿蒙神的女兒，她取得王位並不需經過婚姻與政治的結合。但是因為法老王都是男性，後代挖掘出的哈姬蘇雕刻都還留有鬍子呢！

修建哈姬蘇神殿的總工程師叫做申內慕(Senenmut)，據說他就是哈姬蘇的情人。

哈姬蘇神殿依山而建，經過幾番修復，整個建築群竟帶著優雅的現代建築風格。神殿共分三層，連接它們的是扶搖直上的長階。這裡在1997年曾因路克索槍殺事件(Luxor Massacre)而濺血，如今卻是眾人攝影的焦點。

神殿的第一層頂端有個大平台，第二層的左側是哈托神廟。在埃及，哈托(Hathor)是掌管愛情和愉悅的女神；右側是阿努比斯神廟，阿努比斯(Anubis)是亡者前往冥界的守護神。

到了神殿頂層，長廊上原本有24支歐西里斯柱雕像(Colossal Osiris Status)，如今僅存數

支，狀況尚稱良好。雕像都是哈姬蘇，有的臉上的胭脂仍未褪去呢！

哈姬蘇神殿位於沙漠之中，四周光禿禿，不見草木。天氣炎熱，再加上從售票口到神殿有段距離，對於腳力較差者，園方有提供付費的觀光車可搭乘。

修復中的圖特摩斯三世陵墓

沙漠中的小典故

尖叫木乃伊

拉姆西斯三世(Ramses III)一生有不少后妃子女，不免有「宮廷密謀事件」這類奪嫡故事，留給後人去猜測議論。

當時，二皇后泰伊(Tiye)夥同兒子彭塔瓦爾(Pentawer)欲奪取王位。泰伊曾幾番謀害親夫，暗中派人在食物中下毒，還放毒蛇咬他。

拉姆西斯三世中毒後，在病褟命人去查案。最後，密謀等相關人士皆被判死刑。

彭塔瓦爾的木乃伊，之後在哈姬蘇神廟的木乃伊坑被人尋獲。這具木乃伊被稱為「不明男屍E」或「尖叫木乃伊」，據說彭塔瓦爾死於割喉。

帝王谷 Valley of the Kings

各帝王墓穴集中地

- 尼羅河西岸，路克索
- 06:00～17:00，16:00停止售票
- 全票L.E.70，學生票價折半
- 可承租迷你巴士或計程車，或參加1日遊團體
- www.sca-egypt.org，門票價格時有浮動，請上網查詢 MAP P.164

帝王谷在尼羅河西岸，光禿禿的石灰岩丘陵，乾燥的地貌又位處偏遠，怪不得會被後期法老王們選為墓地。可惜所有的陪葬物老早就被盜墓者偷竊一空，殘存的寶物珍藏也都送進了埃及博物館、羅浮宮或大英博物館。

墓穴按發現順序編號，目前有62個墓穴對外開放。其中，KV62最受遊客青睞。KV62就是圖坦卡門的陵墓。此陵所出土的陪葬物最為完整，但都在埃及博物館中展示，到這裡看看壁畫倒也值得。

KV11是拉美西斯三世的的陵墓，位置靠近遊客休息區，因此較多人到此參觀。KV11也是帝王谷中最大的陵墓之一。

墓穴裡皆不准拍照，有相機也是英雄無用武之地啊！

帝王谷在沙漠中，四周是光禿禿的石灰岩丘陵

路克索哈布神殿
Medinat Habu

保存最完整，最美的神殿

尼羅河西岸，帝王谷附近
06:00～17:00
全票L.E.40
可承租迷你巴士或計程車，或參加1日遊團體
www.sca-egypt.org，門票價格時有浮動，請上網查詢
MAP P.164

Medinat，意即鄉鎮或城市。Habu是「平安」。也就是說，這是一座平安之城。然而這座「平安之城」卻經歷了不少災難。它曾經是一個基督教中心，在神殿大後方尚留有基督教堂遺址。這裡一直都有人居住，直到西元九世紀時，整座城市才毀滅於一場黑死病。

哈布神殿主要是為了紀念拉姆西斯三世(Ramses III)而建，故此神殿又稱為「拉姆西斯三世神殿」。他的前任，拉姆西斯二世曾數度御駕親征，最有名的戰爭是「卡迭石戰役」(Battle of Kadesh)。神殿的牆面上有記載他的士兵砍下敵人的手掌，斷掌堆積如山，看來相當殘忍。

1.哈布神殿牆上的壁畫，述說法老王的豐功偉業／2.哈布神殿共分好幾進／3.哈布神殿的牆面雕刻，它是公認的美麗神殿

這座神殿很特殊的地方是它有城牆。若是您走到神殿後方最高處，可以清楚看到城牆圈起的範圍，整個神殿區就是一個大長方形，而城牆外則是黑色的漠地。

通過守衛室，我們來到「敘利亞城牆」(Syrian Gate)。這棟空空蕩蕩的兩層建築，據說是為了紀念埃及與西臺人(Hittites)的戰爭。通過第一道塔門，右側是阿蒙神廟。第二個院落裡有拉姆西斯二世的雕像，再往裡層走，先是石柱大廳，然後是拉姆西斯三世的後宮所在。

因為哈布神殿保存完好，至今石雕廊柱上的繪畫色澤仍然鮮豔亮麗，人和動物都栩栩如生。這是一棟眾遊客們公認最美麗的神殿之一。

阿布辛貝

納瑟湖岸的偉大神殿

Abu Simbel

阿布辛貝距離亞斯文大約280公里，距離蘇丹邊界僅24公里。

聞名於世的阿布辛貝神殿位於尼羅河岸、納瑟湖(Lake Nasser)邊，相當靠近埃及和蘇丹的邊界。從亞斯文前往阿布辛貝，沿途可以欣賞沙漠獨特的海市蜃樓奇景。幸運的話，亦可見到絕美的日出或日落。讓阿布辛貝這趟旅行路程，更顯難得寶貴。此外，拉美西斯二世還會坐在神殿門前歡迎您呢！

一般遊客，除非是打算在阿布辛貝鎮上過夜，或者想在納瑟湖的湖畔休閒度假，通常在阿布辛貝停留的時間大概都只有幾小時。阿布辛貝雖然依靠阿布辛貝神殿大賺觀光錢，可惜拜訪此地的遊客大都是當日進出，是故這個小鎮至今仍然是一個人口稀少、充滿閒適氣氛的「大村莊」。

到阿布辛貝，有人走陸路，也有人搭乘大清早出發的飛機。走水路則不通，至今從亞斯文到阿布辛貝尚未有渡輪往來，徒留一潭湛藍的納瑟湖！

武裝車隊護送遊客

若是經由陸路，從亞斯文到阿布辛貝，不

斯。今日的大城市則有衣索匹亞的首都喀土木，以及埃及的首都開羅。
埃及人視尼羅河以東是出生之地，尼羅河以西是死亡之地。是故，金字塔和其他墓穴都興建於尼羅河的西岸。

1970年，埃及攔阻了尼羅河水，興建了亞斯文水壩。自此，水壩的水供給發電、灌溉並且遏阻洪水的泛濫。

搭乘埃及國內飛機，自空中鳥瞰，尼羅河就像一條墨綠色的錦帶蜿蜒迤邐在遼闊浩瀚的沙漠之間。整幅畫面很清楚的告訴我們，這塊大地若沒有尼羅河的河水，沙漠將仍然是沙漠！
若是身處地面，站立在尼羅河岸，或許會感覺尼羅河其實並不是一條寬廣的河流。但是，想必它的吃水量夠深，才能夠讓那些大型郵輪航行其中。

搭郵輪欣賞尼羅河風光

自從中東局勢變得緊張之後，一般旅行團就不去沙漠或西奈半島了。他們到埃及，大都打著遊河的旗號，大肆宣傳尼羅河豪華郵輪(Nile Cruises)的行程。

在開羅，遊客們被安排在郵輪上享受精緻晚餐，一邊欣賞肚皮舞或蘇非旋轉舞的表演。而通常大家認知的尼羅河行程，也就是國際觀光團體所採用的豪華郵輪路線，即行駛在亞斯文與路克索之間，約200公里的河段。此處的尼羅河水平緩得宛如一面鏡子，最適合休閒式旅遊，遊客們可以在甲板上飲茶看風景。

除了尼羅河本身美麗的風光之外，沿著尼羅河還有無數的古蹟和名勝等待你下船去好好觀賞。其中，亞斯文、路克索和阿布辛貝這3個觀光大站，到處充滿著古埃及文化藝術，是最精采的露天博物館。

1

亞斯文

水壩替尼羅河把關

Aswan

對埃及而言，亞斯文可以牽一髮動全身。這裡有控制尼羅河水量的亞斯文水壩，它也是靠近邊界、極為重要的經貿與軍事中心。

在古埃及時代，亞斯文叫做西奈特(Syenite)，與貿易一詞同義。當時，它與努比亞就有繁忙的商業往來。尼羅河往北流，過了亞斯文，水流速度放緩，變得風平浪靜。看看地圖就可以明瞭，尼羅河卡在亞斯文這個「門檻」，再往上游去，就會碰到6個小瀑布區。因此，亞斯文很自然而然的就成為進入黑色非洲的大門。

其實，亞斯文身處黃沙大漠，罕見下雨，算是全世界最乾燥的地方之一。它唯一水源來自尼羅河。

會來亞斯文的遊客，通常會以此城為跳板，繼續前往阿布辛貝。若是在亞斯文停留，值得參觀的景點有：菲萊島(Philae)、亞斯文高壩、未完成的方尖碑、象島、努比亞村落，以及努比亞博物館。

我下榻的「飛來旅館」(Philae Hotel)替我安排了一個不貴的半日遊行程，景點包括：未完成的方尖碑、亞斯文高壩，以及飛來殿。

我們一出市區街道，繞過圓環，路旁右手邊便出現了一座採石場。遊客們到這裡為的是參觀一支已有3,500年歷史的「未完成的方尖碑」。原來，未完成的也值得參觀啊！

1.阿布辛貝是個人口稀少的悠閒小鎮／**2.**走陸路從亞斯文到阿布辛貝，需有武裝部隊護送／**3.**阿布辛貝靠近蘇丹邊界，氣氛緊張

阿布辛貝位置圖

開羅 Cairo
利比亞 Libya
埃及 Egypt
尼羅河 Nile River
紅海 Red Sea
路克索 Luxor
亞斯文 Aswan
納瑟湖 Lake Nasser
阿布辛貝 Abu Simbel
哈勒法旱谷 Wadi Halfa
蘇丹 Sudan

論大巴士或小轎車，都需要有武裝部隊的護送(Armed Convoys)。「護送車隊」清晨04:00一班，早上11:00一班，集合地點在Sharia Sadat，也就是在「未完成的方尖碑」的近前方。

自從1997年11月發生了路克索槍殺事件之後，埃及政府便加強對外國人的保護，規定遊客們前往重要觀光景點時必須由武裝部隊護送。近些年，伊斯蘭武裝部隊猖獗，埃及政府對國安更是不敢掉以輕心。更何況，75號公路這一段，兩旁都是重要的軍事設施，有不少軍營炮台都隱匿在沙漠之中。由軍隊來護送，一般車輛就不能任意的停留路旁或走進叉路讓遊客自由拍照。

陀須卡新城：綠洲再造計畫

在阿布辛貝西北方90公里處，路旁開始出現一些零星聚落和陀須卡新城(Toshka New City)。這些聚落帶著濃厚的邊城況味；簡陋的基本設施，雜亂無章的巷道，連男人們的面貌也相當粗獷狂野。更奇特的是它們的房頂全都是白色拱起的圓球，連成一片時，遠遠眺望彷彿見到外太空人的祕密基地。

陀須卡新城是穆巴拉克的金字塔(Mubarak's Pyramid)。從1997年，穆巴拉克政府開始施行「新尼羅河谷計畫」。這個計畫也是埃及人的夢想。他們自納瑟湖引進尼羅河河水，意圖綠化撒哈拉沙漠。

一旦沙漠綠化了，他們預計會有8萬名埃及人移入新城居住。建城目的在於降低埃及大城市所面對的人口壓力，諸如交通擁擠、空氣水污染等問題。然而，不少評論批判這個「愚公移山」計畫太過野心勃勃，因此大家認為它是注定要失敗的。

我們的車隊進入阿布辛貝小鎮，神廟園區附近，沿著公路停泊著一輛輛的貨櫃車。據我的司機穆罕默德告訴我，原來這些貨櫃車都是在等待渡輪，他們將越過邊界到蘇丹或南下去更遠處的非洲國家。

近代非洲因為戰亂而帶給世人一種詭譎的不安印象。而實際上，在此居住的人們日子還是要過下去。為了生活，再荒涼險惡的撒哈拉沙漠深處仍然有人類的活動，時間在這裡未曾靜止過。

阿布辛貝神殿
Abu Simbel

以埃及神殿規格建造

納瑟湖旁，距亞斯文約280公里
05:00～18:00
全票L.E.100，票價包括阿布辛貝主神殿和奈芙塔蒂神廟
可搭飛機，或護送車隊(巴士、計程車、迷你巴士)
www.sca-egypt.org，門票價格時有浮動，請上網查詢

1.白人戰俘，雕刻在阿布辛貝神殿牆上／**2.**阿布辛貝是拉美西斯二世所興建的，神殿中的翹楚／**3.**兩尊都是拉美西斯二世自己。女人的像則是縮小放他的小腿旁／**4.**奈芙塔蒂神廟在主神殿旁，規模較小／**5.**納瑟湖是世界上最大的人工湖

阿布辛貝神殿是一個以高架鐵絲網圈圍、相當有規畫的景點園區。園內光禿禿、無多少樹蔭。

1960年代，埃及政府為了興建亞斯文大壩，他們攔截尼羅河上游河水積聚成水庫，因此，納瑟湖水位大幅升高。眼看著一些歷史悠久的神廟古蹟將要永遠被淹置在水線之下，世界上30多個國家的工程師和學者及時伸出了援手。他們使用精密科學方法來切割石塊，再將整座神廟一塊塊轉移到今日的新位置。這項拯救阿布辛貝神殿的工程耗時六載，歷盡艱難，他們終於將這份珍貴的人類文化遺產保存了下來。

神殿有塔門、中庭、列柱大廳，以及主殿，它的建築完全符合埃及神廟的規格。神廟深邃，長達55公尺。在最裡面有一神聖小神龕((Sacred Sanctuary)，供奉著4尊神像。從左到右，分別是：地獄之神普塔神(Ptah)、太陽神阿蒙-瑞(Amun-Rae)、拉美西斯二世(他自認與諸神同等級)，還有太陽神荷拉可堤(Ra-Horakhty)。每年的2月21日和10月21日，也就是春分與秋分，同時也是拉美西斯二世的出生日與加冕日，陽光會照射到後3位神像身上。這兩天的朝陽，唯獨照不到左角的普塔神身

上。神殿搬遷至今日園區之後，由於計算不夠準確，陽光照射的時間已經延後一天。

歷史中的阿布辛貝神殿應該是氤氳水域中一座神祕的古埃及廟宇。它盤踞於尼羅河水岸，在朝陽下閃著金黃的光彩。泛白的三桅帆船(Fuluca)緩緩來往於尼羅河上，只要風立於甲板上，人人皆可以看到拉美西斯二世端坐在神殿前威嚴的俯視著他們。千年流轉，在那個古遠的時代裡，河流穿越峻嶺險崖，岸邊巨大的石像宛如放大百倍的真人，個個威猛。它們的眼神姿態栩栩如生，或嗔或喜，像似在提醒努比亞人誰才是埃及真正的主人。

阿布辛貝主神殿旁，是拉美西斯二世為他的愛妻奈芙塔蒂(Nefertari)所建的神廟，規模較小。殿前一共6尊雕像，奈芙塔蒂以愛神哈托(Hathor)的形象出現。極特殊的是，奈芙塔蒂與拉美西斯二世並立於神殿前，兩夫婦的雕像竟然是同等尺寸！奈芙塔蒂33歲就過世了，據說她生前極受夫君寵愛。

從阿布辛貝主殿和奈芙塔蒂神廟望出去，展現在眼前的就是碧波澄澈的納瑟湖。

納瑟湖因亞斯文高壩而形成，是世界上最大的人工湖，面積約5,250平方公里。由於尼羅河水量不易控制，湖岸不適合人類定居。「塞翁失馬、焉知非福」，這裡反倒成為野生物種的最佳棲息地。各種候鳥在此過境停留，沙漠狐狸和羚羊倘佯於灌木叢裡，湖裡尚有尼羅河鱸和尼羅河鱷。聽說有些尼羅河鱷魚怪嚇人的，竟長達5公尺！

希望埃及和非洲的局勢能早日穩定，那麼，喜歡生態旅遊的人就可以重返納瑟湖畔去享受它的原始之美。

5

沙漠小知識

海市蜃樓的形成

海市蜃樓是因為光的折射，進而在遠處所形成的虛像。

最常見的情況是我們在烈日當空的沙漠中，遠遠望去，地平線那一端就出現一片水塘或大海。然而，這些只是我們心裡虛擬的景象，一種對大自然現象的解讀。只要人再向前走近些，一切幻影就會自眼前消失。

海市蜃樓，英法文寫法同樣是Mirage，它們皆源起於拉丁文的Mirare。

中文的理解，「蜃」是一種大蛤，傳說中，蜃能吐氣而形成樓閣城市等種種景觀。因此，「海市蜃樓」的意思就是在說「虛幻不實之事物」。

若要解釋「海市蜃樓」，蘇軾的《海市詩》中有獨特的描寫：「東方雲海空復空，群仙出沒空明中，搖盪浮生萬象，豈有見闕藏珠宮？心知所見皆幻影，敢以耳目煩神工。歲寒冰冷天地閉，為我正蟄鞭魚龍。」

沙漠行旅手札

航向沙漠夕照的孤影

對我而言，阿布辛貝其實只是一個景點，它的偏遠地理位置更吸引我。

出小鎮20多公里，路旁招牌標示著地名：哈勒法旱谷(Wadi Halfa)。只是，這個旱谷位於蘇丹境內。

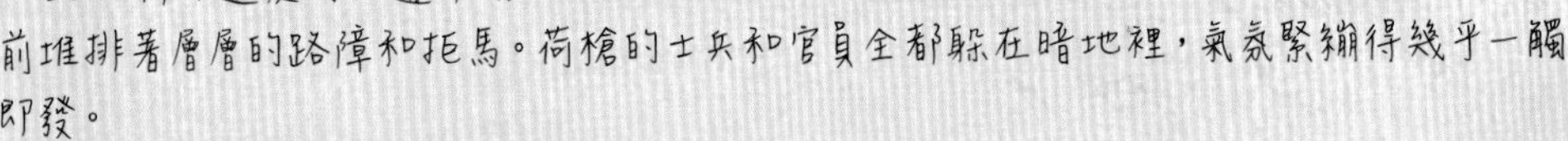

距招牌不遠處有個邊界哨站，站前堆排著層層的路障和拒馬。荷槍的士兵和官員全都躲在暗地裡，氣氛緊繃得幾乎一觸即發。

過了這個邊界哨站就是蘇丹領土了，從這裡可以行向更南、更廣闊的非洲。

然而，這個角落也是一個三不管的危險區域。埃及與蘇丹兩國經常為這段國土界線起爭執，艾爾巴保護區(Gabal Elba Protected Area)就是一個迷人的灰色地帶。我相信旅行團是不會帶遊客來這種地方的。

回亞斯文的路上，那個英挺帥氣的領隊軍官選擇坐到我們這部車的前座。軍官風度翩翩，人隨和客氣。他和我的司機穆罕默德有一搭沒一搭的用阿拉伯語閒聊。

漸漸的，窗外天空開始飄動著輕淡的霞彩。一時間，整個大漠幻化成光線的舞台。金黃太陽滑落地平線的速度雖然快得叫人心驚，然而它所呈現的瑰麗色澤卻讓人目眩神迷。

無邊無際的沙漠裡，我們孤獨的駛向絕美的夕陽餘暉。

亞斯文已經遙遙在望。天際下，城鎮暈黃的燈火一盞盞點亮。

能在撒哈拉沙漠欣賞到絕美的落日美景，此行再辛苦也值得了。

約旦

An ancient and peaceful kingdom.

中東的平靜之國
礫漠遍布的世界遺產佩特拉、瓦地倫
追尋著勞倫斯的蹤跡去旅行

中東局勢複雜，約旦卻是一個可以讓遊客安心旅行的地方。因為自從1950年約旦哈希姆王國成立之後，歷任執政者對外便努力保持友好的中立關係。約旦的現任國王是阿布都拉二世，深受人民愛戴，因此它的內政也相當安定。約旦的鄰國大都在內戰，雖然約旦本身沒有什麼資源，卻仍在百難之中收容了來自巴勒斯坦和敘利亞的難民，默默為善，實為難得。

一般遊客到約旦，僅想走進佩特拉(Petra)去一睹它奇特的風景。然而，台灣人卻有更多理由到約旦旅遊。因為，我們的榮工處在死海邊修築了兩段偉大的公路。而約旦政府向來也與台灣極為友好，這段友誼自胡笙國王時代便已開始。

「蛇道」盡頭隱藏著美麗的玫瑰城

約旦人民大都信奉遜尼派伊斯蘭教，他們主要語言是阿拉伯文。但是，這裡幾乎沒有「恐怖分子」的憂慮。因為自從「阿拉伯的勞倫斯」時代起，約旦便與西方國家多有接觸。人民西化深，英文甚為普及，政府也不強制婦女包頭巾。

遊客到訪約旦，頭號景點是世界(新)七大奇觀之一的佩特拉。追尋舊約聖地者會到尼波山(Mt. Nebo)、馬大巴(Madaba)、十字軍古建築卡拉克城堡(Karak Castle)以及約旦河等地區。追尋「阿拉伯的勞倫斯」的蹤跡者，則會去東部沙漠的阿茲拉克城堡(Qasr al-Azraq)和瓦地倫。也有人會前往紅海浮潛或到死海用黑泥作療癒。

旅遊資訊

約旦聯外交通

台北到約旦首都安曼(Amman)無直航。可到香港或曼谷轉搭約旦皇家航空(Royal Jordanian)前往安曼或阿卡巴(Aqaba)，亦可搭乘阿聯酋在杜拜轉機。埃及航空也有飛機從開羅飛到安曼。

約旦國內交通

安曼機場到城中心約35公里，計程車公定價JD20～25 (視旅館位置而定)。

安曼市區計程車相當便利，碼錶計價。公車票價雖然便宜，但班次不多。

前往東部沙漠

從安曼到阿茲拉克綠洲，可先搭小巴到札卡(Zarqa)或哈拉巴村(Hallabat Village)，再轉搭巴士到阿茲拉克(Azraq)。到阿瑪拉城堡(Qusayr Amra)則必須從阿茲拉克叫計程車。一般飯店都有從安曼出發的半日或1日遊行程。

前往佩特拉、瓦地倫

若由安曼出發，可搭乘JETT巴士走沙漠公路，車程約4小時。若是走國王公路，包計程車價格約JD90/單程。租車可用國際駕照。約旦和台灣一樣，車輛靠右行駛。

死海公路

65號公路沒有大眾交通工具。可以包計程車、自駕，或參加當地旅遊行程。

大馬士革
Damascus
伊拉克
Iraq
敘利亞
Syria
海法
Haifa
伊爾比德
Irbid
約旦河
西岸地區
WEST
BANK
傑拉什
Jerash
安曼
Amman
耶路撒冷
Jerusalem
阿茲拉克
Azraq
馬大巴
Madaba
阿茲拉克城堡
Qasr al-Azraq
死海
Dead Sea
阿瑪拉城堡
Qusayr Amra
以色列
Israel
卡拉克城堡
Kerak Castle
阿茲拉克溼地保護區
Azraq Wetland Reserve
沙菲
Safi
35
國王公路
The King's Highway
沙烏地阿拉伯
Saudi Arabia
65
死海公路
Dead Sea Highway
約旦
Jordan
佩特拉
Petra
馬安
Ma'an
阿卡巴
Aqaba
瓦地倫
Wadi Rum
瓦地倫保護區
Wadi Rum Protected Area

約旦地圖

沙漠古城探索之旅

東部約旦是阿拉伯大沙漠的一部分，地質大都屬於礫漠或黑色的火山岩塊。儘管環境惡劣，貝都因人自古便居住於此。這裡還有不少沙漠驛站和狩獵城堡，被稱為「沙漠城堡群」。

約旦沙漠之所以聞名於西方社會，和「阿拉伯的勞倫斯」脫不了關係。從南邊的瓦地倫到東部沙漠的阿茲拉克，遊客們像朝聖客一般，只想拜訪勞倫斯當年曾經去過，或住過的地方。

沙漠城堡群

礫漠中的堡壘

Desert Castles

自古以來，貝都因人就在約旦東部這塊礫漠上生活，彼此爭戰。游牧民族的居所大都是可以隨時遷移的帳篷。然而這片礫漠上遍布著玄武岩石塊，它們是很牢固的建材。因此，礫漠也留下像阿茲拉克城堡和阿瑪拉城堡這類具永久性的建築。

1.阿瑪拉城堡，右側是一口深及40公尺的水井／**2.**阿瑪拉城堡中溫室的壁畫，敘述人類的生老病死／**3.**拾級而上，這裡是勞倫斯的房間入口

阿茲拉克城堡 Qasr al-Azraq

朝聖勞倫斯的房間

- 在安曼東邊約100公里的阿茲拉克綠洲
- 10:00～16:00
- JD5，導遊費JD10
- 從安曼可包計程車半日遊；或搭巴士，要在al Hallabat轉車
- www.mota.gov.jo，門票價格時有浮動，請上網查詢
- P.180

1917～1918年的阿拉伯起義(Arab Revolt)，勞倫斯與沙力夫阿里(Sharif Hussein bin Ali)就是在阿茲拉克城堡會合，以此古堡作為他們的冬季作戰指揮中心。

阿茲拉克城堡位於東部沙漠(Eastern Desert)，是黑色玄武岩建築。它始建於西元三世紀的羅馬時代，到了烏瑪雅王朝(Umayyad)時，城堡成為了哈里發瓦里德二世(Caliph Walid II)的狩獵行宮。1237年，阿悠比王朝(Ayubids)亦曾在此增建軍事防禦設施，藉以對抗十字軍。

到約旦旅遊，遊客們很少會特意安排行程來阿茲拉克綠洲，除非他們也迷上「阿拉伯的勞倫斯」的史蹟。

阿茲拉克綠洲距首都安曼約兩個小時的車程。搭巴士要轉車，較麻煩。包計程車，半天大約JD70。

勞倫斯的房間

這個房間不大，位於古碉堡的南門城塔左側。房間由黑色玄武岩築疊而成，恰似鋼鐵般的堅固穩重。

1

2

箭垛窗口是交錯斜排的石板，屋裡往外看得清楚，外頭卻見不到房間內部的動靜。從前用來射箭，之後用來發射槍彈。

撼不動的兩扇石門

阿茲拉克城堡的後門是兩扇玄武岩石板，石門每片重達3公噸，怎麼推也推不動。幸好

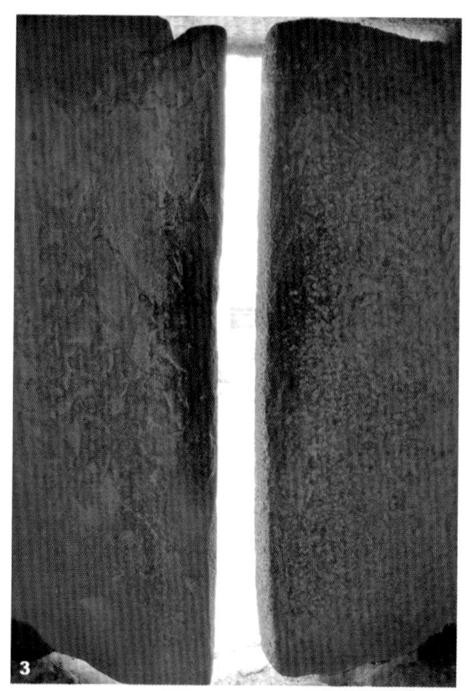

門下置有旋軸，並且塗油，只要尋了個角度，就可以用力打開它們了。碉堡有如此厚實的石門鎮守，眼前的景物彷彿回到了中世紀。

勞倫斯曾經在《智慧七柱》中如此形容這兩扇玄武岩大門，他說：「關門時，匡啷發出轟然巨響，城堡西邊整面的城牆都被撼動了。」

水井和小清真寺

整個阿茲拉克城堡的重心是院子裡的那口水井。直到20多年前，這口水井還有水泉湧出。然而如今水井乾涸，城堡也人去樓空。

除了水井，阿茲拉克城堡內還有一座面朝麥加的小清真寺。它曾經是一座拜占庭教堂，13世紀阿悠比王朝時才改為清真寺。清真寺附近還有倉庫和馬廄，全部都是石塊拼成，橫梁宛如數道拱門。

1.箭垛窗口是交錯斜排的石板，從前用來射箭、射槍／**2.**勞倫斯的房間仍然一如既往，下雨時會漏水／**3.**石門每片重達3公噸，怎麼推都不為所動／**4.**阿茲拉克城堡的後門，兩扇玄武岩石板叫人怎麼也撼不動／**5.**拴馬石，城堡內的器具大都就地取材

阿瑪拉城堡
Qusayr Amra

沙漠裡的古羅馬澡堂

東部沙漠，距離阿茲拉克城堡2公里
5～9月08:00～18:00，10～4月08:00～16:00
JD5
可自駕，或從安曼可包計程車作半日遊
www.mota.gov.jo，門票價格時有浮動，請上網查詢
MAP P.180

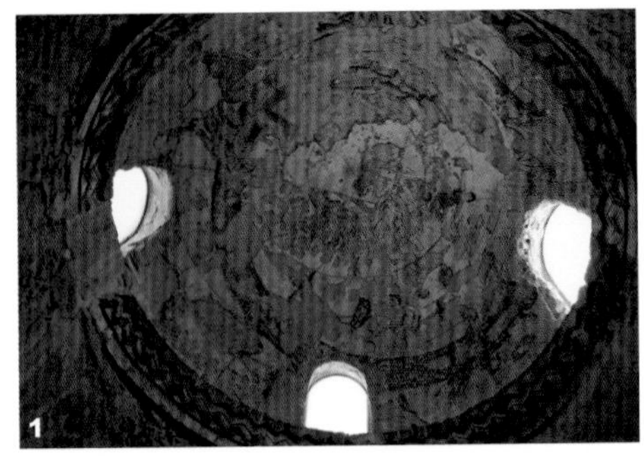

1.高溫室內有圓拱頂，上繪有35個星座的黃道帶／**2.**阿瑪拉城堡，右側是一口深及40公尺的水井／**3.**位於低溫室的壁畫，色彩仍然鮮豔／**4.**城堡旁有一頂供遊客飲茶休息用的貝都因人帳篷／**5.**五王來朝，樂師在演奏／**6.**中溫室的壁畫，敘述人類的生老病死

阿瑪拉城堡位於安曼東方85公里的東部沙漠裡，它裡面有一個類似古羅馬公共浴場的小澡堂。

在它的更衣室(低溫室)內有六王圖。

而實際上是五王來朝，他們前來朝拜哈里發瓦里德二世(Caliph Walid II)。來朝拜哈里發的五王是：西班牙王、波斯王、拜占庭王、土耳其汗和印度Raja。

中溫室內有美女出浴、婦人抱小孩的圖畫。高溫室內有圓拱頂，上繪有35個星座的黃道帶(Zodiac)。

根據近期的考古研究，阿瑪拉城堡興建於八世紀之初。它是烏瑪雅王朝時代，由哈里發瓦里德二世及雅濟德三世(Yazid III)所興建。城堡的建材是石灰岩和玄武岩。真正的城堡早已傾圮，如今殘存的只是一個毫無軍事防禦設施的皇室行館。

澡堂對面有一口深及40公尺的水井。從前尚有井水時，他們靠馬、驢或駱駝來拉繩汲水，然後將這些水引進古堡內。

在高溫浴室外有升火的灶能將水燒熱，澡堂內分別有熱水和冷水兩股水流，也可相互調整來控制水溫。

在沙漠裡，洗個澡也要如此大費周章，大概只有王公貴族才有如此閒情逸致。據稱，阿瑪拉城堡的創建者之一，也就是雅濟德三世(Yazid III)的母親是波斯人，記載上說，此王傳承了波斯人喜愛享樂的性格。

阿茲拉克溼地保護區

Azraq Wetland Reserve

守護最後一片藍色淨土

阿茲拉克城外，往東北方向約2公里處
09:00～18:00，9～2月則16:00閉館
JD8
自駕或搭計程車
www.rscn.org.jo MAP P.180

阿茲拉克(Azraq)，阿拉伯語，意即「藍」。曾經，阿茲拉克是黎凡特(Levant)著名的綠洲，沙漠商隊補給休息的驛館。曾經，這裡有藍色的湖泊，處處是水塘與沼澤。綠洲裡繁花碧草，蜂蝶翩飛。只可惜，為了提供安曼以及伊爾比德市(Irbid)乾淨的淡水，整個溼地的水到了1991年間已經被汲取殆盡。

接著，約旦邊國戰事連連。科威特、巴勒斯坦、伊拉克、敘利亞等等，一個接一個，難民也陸續湧進約旦境內。2014年，他們在阿茲拉克西邊20公里處建立了敘利亞難民營。從阿茲拉克的街道極目遠眺，大地瀰漫著硝煙的詭異與肅殺。

如今，約旦政府在昔日綠洲成立了阿茲拉克溼地保護區，全區約12平方公里，由皇家自然保護協會(RSCN)管理。這是一片適合散步賞鳥的小淨土，保護區管理員亦十分親切熱情。園內也有住宿設施。

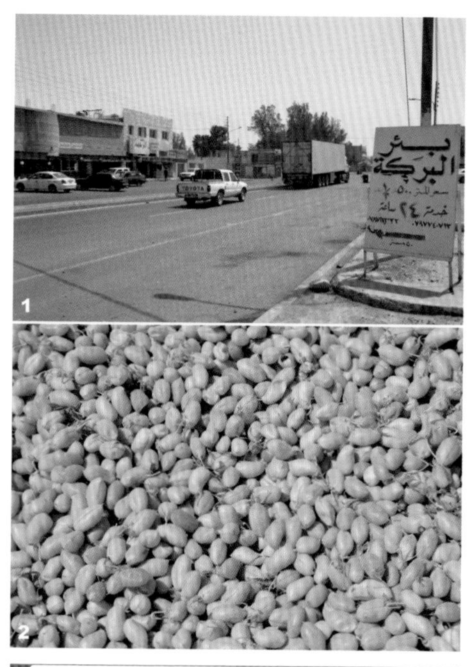

1.阿茲拉克街道，充滿邊城的粗獷和硝煙味／**2.**產自阿茲拉克綠洲的杏仁青，是當地人的零食

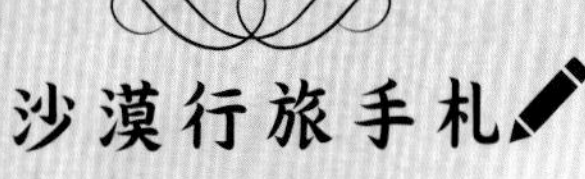

納達哀愁的藍眼睛

想去阿茲拉克城堡，純粹是為了滿足我自己的「勞倫斯」情結。

我們剛步入古堡的大門，納達．朱君(Nadar Drougen)便迎向前來。納達自薦想當我的嚮導，他有一雙哀愁的藍眼睛。

阿拉伯人之中也有藍色眼珠？我只知道，在敘利亞他們有阿拉伯人、庫德族人、雅茲迪人(Yazidis)，其中，不少雅茲迪人都是金髮藍眼。可憐歷經烽火數載，雅茲迪人被屠殺者無數，甚至有遭滅族的威脅。

納達解釋說他的祖先是德魯茲(Druze)族，他們的眼睛顏色通常比較淡，一次大戰時才從敘利亞移民過來約旦。德魯茲族是伊斯蘭教什葉派中的獨立教派。教徒分布在黎巴嫩、敘利亞、以色列和約旦一帶。他們是阿拉伯人，說的是阿拉伯語黎凡特方言(Levantine Arabi)。

在勞倫斯當年居住的那個房間裡，納達引以為豪的說道：「我的祖父曾經是勞倫斯的護衛。」阿拉伯人大都長得身高體壯，由他們來擔任勞倫斯的護衛應該極為妥切。勞倫斯既能講流利的阿拉伯語，又熟悉各游牧民族之間的民情差異。據說當年他身邊的護衛隊隨他四處征戰，對他忠心耿耿。

我徘徊在空間不大的「勞倫斯的房間」裡，想像他的英魂仍飄蕩在這間石屋內。迷濛的時光裡，我看見勞倫斯正右手籌謀戰略，左手書寫《智慧七柱》。

納達的藍眼睛卻更加哀愁了，如今遊客日漸減少，敘利亞內戰不知何時才結束？

瓦地倫 世界遺產

世界遺產的酒紅色山谷

Wadi Rum

瓦地倫(Wadi Rum)位於約旦南部，距離著名的紅海港口阿卡巴約1小時的車程。

Wadi，旱谷。Rum，阿拉伯語，是「高」或「升起」的意思。

瓦地倫全區共占地7,344公頃，南北長達100公里，谷內最高峰是1,754公尺的倫山(Jebel Rum)。

據說3,000萬年前，大洪水自土耳其南部洶湧而下，沖過約旦河和死海，最終到達了紅海。這次的大洪水將此片大地切割成一個大地塹。此後，又有造山運動 (Tectonic forces)的破壞，將整個塹谷改頭換面，而瓦地倫正是造山運動的成果。

傳說在西元前1,000年，賽莫德人(Thamud)就在此居住。根據壁畫考古結果，我們也知道西元前二世紀「納巴泰王國」(Nabateans)的古文明已在此建立。

瓦地倫的地質屬石灰岩和花崗岩。由於晝夜溫差大，又經年累月遭受風沙吹襲，來到瓦地倫就像來到另一個世界。

赭紅色、銅黑色的柱石崖壁如擎天般聳入雲霄，地上則覆蓋著橘紅色細沙，無垠無涯。有人愛瓦地倫月華下的神祕，又因它看似月球地表，故稱瓦地倫為「月之谷」(The Valley of the Moon)。沙質呈橘紅色，也有人稱之為「酒紅色的山谷」。

2011年，聯合國教科文組織將瓦地倫列為自然與文化的雙料世界遺產。

瓦地倫的岩壁上有前人留下的壁畫

瓦地倫保護區 Wadi Rum Protected Area

欣賞旱谷生態的最佳去處

瓦地倫村距佩特拉(Petra)約106公里，距阿卡巴(Aqaba)約60公里
遊客中心08:00～18:00
JD5
可從Petra或Aqaba搭迷你巴士或計程車
www.wadirumprotectedarea.com MAP P.180

瓦地倫自成一個複雜的生態系統，夏季酷熱，冬季嚴寒。火毒的太陽無時無刻不在警告沙漠裡的生物不可輕忽它的存在。

最適合到瓦地倫旅遊的季節是春初以及秋末。

4月初的瓦地倫，紅色沙漠無垠如海，岩壁底每個角落都迸發著綠意。花朵剛剛盛

1

開完畢的沙漠風信子，莖稈仍殘留在沙地上。一叢叢青翠的檉柳(Tamarisks)和羅騰樹(White Broom)在風中搖曳，它們是貝都因山羊和駱駝的最愛。峭壁危巖間，一群黑白分明的麥翁鳥(Morning Wheatear)呼嘯而過，鳴聲清澈高昂，獨留空谷回音久久不歇。漠百靈(Desert Lark，又稱沙漠雲雀)在灌木叢間跳躍，像是忙碌得快樂無比。偶爾，沙丘上有蜥蜴匆匆爬行。不遠處，還有一隻糞金龜正努力翻身，牠掙扎著想逃離這片沙地。

園區提示，瓦地倫的遊客接待中心才是主

2

要聯絡站，謹記在此購買JD5的入園券，勿將錢直接交給掮客。遊客中心旁邊還有小博物館，完整地介紹了瓦地倫。

在瓦地倫保護區旅遊，可以搭乘四輪傳動車或騎駱駝去欣賞旱谷美景。除此之外，也可以從事攀岩及滑沙等運動，或是搭乘滑翔翼、直昇機、熱氣球，有如同蒼鷹般，自高空俯瞰旱谷壯麗的風光。

乘四輪傳動車的旱谷尋幽行程

瓦地倫的四輪傳動車旅遊方式，通常有3小時的半日遊，也有在帳篷過夜的2日或3日的行程。載客交通工具除了真正的四輪傳動車，大都是改裝過的小貨車。他們在運貨處的兩側固定上長板凳，遊客既可以享受寬闊視野，上下車亦方便。

前往旱谷有兩個出發點。有些人會在瓦地倫村(Rum Village)上車，部分的人從阿拉美勒(Alameleh)啟程。前者的行程包括勞倫斯之泉(Lawrence's Spring)、勞倫斯小屋(Al-Qsuir)，以及斗篷石橋(Burdah Rock Bridge)。被勞倫斯稱為「智慧七柱」的岩石群，從遊客中心或路邊就可看見，「勞倫斯之泉」則必須爬一段山路。至於行程要走多遠，視你購買的方案而定。從阿拉美勒出發的行程較短，但是同樣可欣賞到美麗的旱谷風光。

雖然遊客中心有公定價告示，但是遊客可依個人需要，再和司機商議價格及想看的景點。時間有限的旅客，在阿卡巴可包計程車到瓦地倫，再改乘四輪傳動車遊覽。

一般而言，旅行團的車隊在繞完半個園區之後，他們會到「貝都因人聚落」稍作休息，讓遊客們喝個茶、買買紀念品。

「貝都因人聚落」的地形十分隱密，是當年「阿拉伯大起義」時勞倫斯在此設立的一個軍事據點。在巨岩的掩護下，曲折的沙道帶領我們進入一處空曠地。唯獨沙道兩端方可進出，四周盡是巨巖環繞的銅牆鐵壁，只

1.漠地上，青翠的檉柳是駱駝的最愛／**2.**麥翁鳥在峭壁危巖間呼嘯而過，空谷回音久久不歇／**3.**「貝都因人聚落」的地形十分隱密，旅行團的車隊在此停留／**4.**貝都因人在帳篷內拉琴彈唱／**5.**瓦地倫的四輪傳動車，大都是改裝過的小貨車

1

要守住出入口，大概只有飛鳥才有辦法翻越峻嶺進到裡面來。

貝都因人聚落前有一塊大岩石，上頭有一幅「阿拉伯的勞倫斯」的小雕像。可惜它被雕刻得有點像西部片中的印地安酋長。

騎駱駝的旱谷行程

如果喜歡騎駱駝，可以騎幾小時過過癮。也可以安排看落日、睡營帳的沙漠之旅，在星空下度過浪漫的夜晚。

騎駱駝行程和四輪傳動的行程一樣，基本上都是從瓦地倫村或阿拉美勒出發，公定價也都公布在遊客中心的告示欄裡。

由於速度較慢，騎駱駝可以悠哉的欣賞旱谷沿途的岩柱造型，以及刻在石壁上納巴泰人的碑文(Alameleh Inscriptions)。

瓦地倫與《阿拉伯的勞倫斯》

因為有勞倫斯著述《智慧七柱》的介紹，瓦地倫那些鬼斧神工的柱石岩壁、綿延的沙丘，以及貝都因人的文化、生活方式才逐漸為世人所熟知。

除了瓦地倫那些獨特怪異的地景之外，遊客們慕名到瓦地倫拜訪的另一個原因是《阿拉伯的勞倫斯》這部電影。這部電影在瓦地倫實地拍攝，並於1963年拿下多項金像獎。

還記得「彼得奧圖」騎著駱駝和漢志戰士經過瓦地倫那一幕嗎？成千上萬的駱駝與駿馬雄壯的前進，旌旗飄揚，旱谷裡揚起了陣陣沙塵。峭壁岩洞口站滿了黑衣婦女。「喔！喔！喔……」，她們以舌喉顫音高聲呼叫，替她們的先鋒部隊加油。而扮演奧達依布塔伊(Auda ibu Tayi)的「安東尼昆」更是充滿了男子氣慨，神采飛揚。

2

真實生活中的奧達和他的哈威塔(Howeitat)族人，世世代代都居住在瓦地倫這個旱谷裡。

瓦地倫也誠如電影故事中所描述的，有如銅牆鐵壁，固若金湯。後來，瓦地倫成為勞倫斯和費瑟親王(Feisal)的基地營。當年，勞倫斯經常帶領著阿拉伯抗暴游擊隊，自此出發去炸毀土耳其人的火車鐵軌，以對抗鄂圖曼帝國。

瓦地倫獨特的地形並沒有令勞倫斯失望。它既可攻又可守，真不愧是一座上乘的天然屏障！

1.瓦地倫到處是獨特怪異的地景／**2.**瓦紅沙岩下，墨綠色的海蔥(Sea Squill)蓬勃生長／**3.5.**瓦地倫地形獨特，是一座上乘的天然屏障／**4.**哈威塔族人世世代代都居住在瓦地倫這個旱谷裡

沙漠小知識

阿拉伯大羚羊(Arabian Oryx)

阿拉伯大羚羊又稱阿拉伯劍羚，是瀕臨滅絕的物種。

傳說中的「獨角獸」與阿拉伯大羚羊有關，那是因為阿拉伯大羚羊的側面剪影像一支劍。要在瓦地倫見到阿拉伯大羚羊是有點癡心妄想。

2009年7月，美國鳳凰城動物園(Phoenix Zoo)與約旦協定在瓦地倫放生20隻阿拉伯大羚羊。鳳凰城動物園一直都有拯救和培育阿拉伯大羚羊的方案，叫做Operation Oryx。他們曾經在阿曼、以色列、約旦、沙烏地阿拉伯和阿拉伯聯合大公國，將培育好的阿拉伯大羚羊釋放到野外，然而成效不佳。

瓦地倫連接著內夫得沙漠(An-Nafud Desert)，野生動物來去自如。如今，想一睹阿拉伯大羚羊的芳蹤，或許要去沙烏地阿拉伯境內的內夫得沙漠才能見得到。

前進中東絲路——國王公路

國王公路(The King's Highway)曾經是一條古商道。當年，它宛如中東的「絲路」，從埃及出發，經西奈半島，再抵達大馬士革和幼發拉底河(Euphrates River)的河岸。舊時的國王公路上，納巴泰人(Nabataeans)和古羅馬人絡繹不絕，而這條貿易商道在中世紀時也是穆斯林前往麥加的朝聖之路。

今日的國王公路是約旦35號公路，北起自伊爾比德市(Irbid)，南接15號公路，全程長達280公里。

從安曼到佩特拉(Petra)，若是走沙漠公路(Desert Highway)，車程只要三個半小時。若是走國王公路，就算馬不停蹄，至少也要8個小時。如果時間充裕的話，建議安排兩三天的行程遊覽國王公路，更能欣賞它的美麗奧妙。

國王公路號稱是約旦最美的景觀公路，沿途有乾裂的紅色砂岩峻嶺，有溪流匯聚的高山水庫，有十字軍古堡，也有納巴泰人的首都、世界聞名的佩特拉。

國王公路(安曼－佩特拉路段)

迴旋的山徑與旱谷

The King's Highway

我們行駛在寬敞的國王公路，可惜每隔一段距離，地面上就會出現一道突起的、減速用的路障。我想，若是碰上趕時間的急驚風，肯定會被它顛到瘋狂。

在離開首都安曼30多公里之後，我們來到小鎮「馬大巴」(Madaba)，它也就是舊約聖經上的「米底巴」。

遊客到此參觀的景點是聖喬治教堂(Greek Orthodox Basilica of Saint George，簡稱：Saint George)內地板上的一幅朝聖地圖。這幅用馬賽克磁磚拼砌而成的圖畫，是拜占庭時期所鋪設的，地圖雖小，但仍然可看出聖地耶路撒冷、死海和埃及等各地的地形特徵。

過了馬大巴鎮，山路迂迴進到穆吉旱谷(Wadi Mujib)。這個裂谷深及1公里、寬達4公

國王公路旁，山谷裡居住不少人家

里，它又被稱為約旦的「大峽谷」。此處山勢雄偉，層巒疊嶂。谷底溪流湍急，岸邊繽紛著艷紅的夾竹桃。高踞山巔觀景台，可以鳥瞰遠處一潭藍綠湖水，那兒就是穆吉水壩(Mujib Dam)。水壩四周盡是黃褐色和紅黑色的岩壁山脈。

水壩算是國防重地，車輛通過鐵橋時不能停留。

約旦的安檢特別嚴格，處處有哨站，有時是軍隊設下柵欄，有時是警察擺下關卡。不過，這樣的保全措施相較鄰國埃及，我倒是覺得約旦較讓人放心。

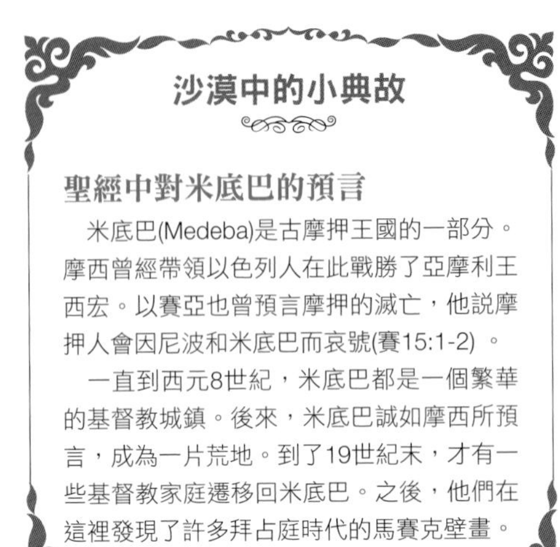

沙漠中的小典故

聖經中對米底巴的預言

米底巴(Medeba)是古摩押王國的一部分。摩西曾經帶領以色列人在此戰勝了亞摩利王西宏。以賽亞也曾預言摩押的滅亡，他說摩押人會因尼波和米底巴而哀號(賽15:1-2)。

一直到西元8世紀，米底巴都是一個繁華的基督教城鎮。後來，米底巴誠如摩西所預言，成為一片荒地。到了19世紀末，才有一些基督教家庭遷移回米底巴。之後，他們在這裡發現了許多拜占庭時代的馬賽克壁畫。

卡拉克城堡 Kerak Castle

石造的十字軍古城堡

- 卡拉克城，國王公路(35號公路)與50號公路交叉口
- 962 32 35 12 16
- 4～9月08:00～19:00，10～3月08:00～16:00
- JD2
- 自駕或搭計程車
- www.mota.gov.jo，門票價格時有浮動，請上網查詢
- P.180

卡拉克城堡是一座石造古城堡，建於十二世紀，是典型十字軍時代的建築。從外觀看，它有堅固的城牆和護城吊橋，可攻可守。而且它居高臨下，地勢優越，無盡的視野甚至可以遠眺死海。卡拉克城堡內可參觀的景點包括有奧圖曼城門(Ottoman's Gate)、十字軍的教堂、士兵廚房以及城牆大門。它們之間以陰暗的迴廊相通。護城吊橋則基於安全考量，如今已改成鐵橋。

昔日，卡拉克位於古商道上，希臘人和羅馬人都相當熟悉這個驛站。在史書和舊約聖經上，它被稱為「摩押的卡拉克 」(Kerak in Moab)。

1.卡拉克城堡內，以陰暗的迴廊相通／2.卡拉克城堡是一座堅固的石造古城堡／3.卡拉克城堡位於山丘頂，公路盤旋直上／4.卡拉克城堡新建的「護城橋」和停車場／5.卡拉克城堡在古代是一個驛站(以上圖片提供：愛我乃瑋/from Pixnet)

當年，十字軍建立了一套完善的防禦系統。據說從阿卡巴到耶路撒冷之間就有13座城堡。城堡與城堡之間的距離不會超過一天的行程 (馬或駱駝)。每晚各城堡都會點亮烽火，一路傳向耶路撒冷的總部去報平安。

「阿拉伯的勞倫斯」亦曾在此設立對抗土耳其的作戰指揮中心。

沙漠小知識

約旦的國花「黑色鳶尾」

在馬大巴鎮外的田野，我們發現綠油油的草地上竟然遍撒著「黑色的塑膠袋」！

然而走近一看，那些黑色塑膠袋竟然是約旦的國花——黑色鳶尾(Black Iris)。

礫地上，一株株盛開的黑色鳶尾在風裡搖曳弄姿。如絲絨般、紫黑色的花瓣，再配上銀綠色的葉片，這是何等高貴的花公主啊！

後來我們在穆莎旱谷(Wadi Musa)的山頭又見到另一種淡紫色的鳶尾花。

向來我以為鳶尾只生長在庭院花園裡，眼前這些野鳶尾花應該比國王公路更古老吧？然而，這片野鳶尾最初來自何方？又由何人所栽種？

春暖花開的約旦實在太美了，大地怒放著明媚的色彩。

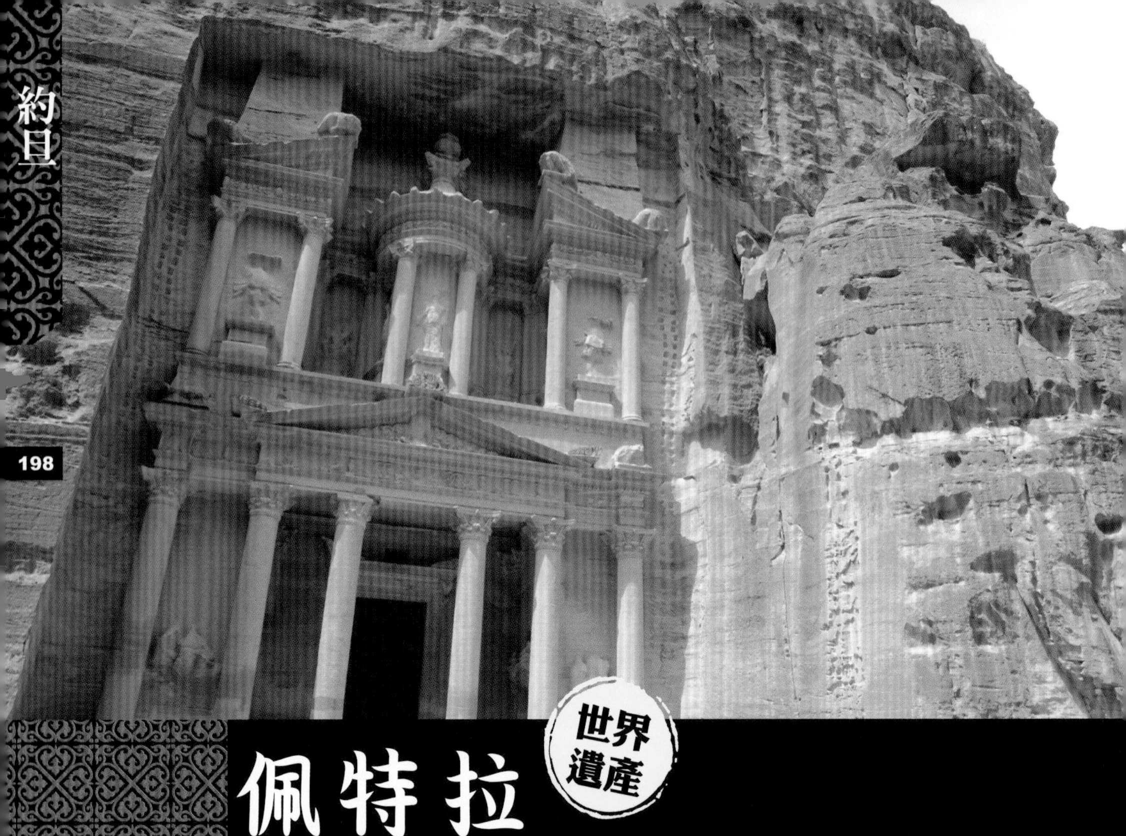

佩特拉 Petra

世界遺產

永垂不朽的玫瑰古城

佩特拉(Petra)，希臘文是「岩石」，亦是舊約聖經提到的「塞拉」(Sela)。

西元前六世紀，納巴泰人遷移到這個區域來居住。他們從事貿易，做得有聲有色，且極具組織性。因此在往後的500年間，他們陸續利用他們所獲取的財富興建了佩特拉。

佩特拉一度是納巴泰王國的首都。這裡曾經繁華富裕，居民高達30,000多人。到了西元106年，紅海港口貿易開通，佩特拉的古商道樞紐地位逐漸被取代。後來羅馬人在此駐守，之後又有十字軍入侵。今日我們在佩特拉古城仍可以見到古羅馬廊柱和劇場遺跡。

到了十六世紀之後，佩特拉就在世人眼前完全「消失」了。

直到1812年，瑞士探險家布卡哈特(Johann Ludwig Burckhardt)偽裝成穆斯林，在他的嚮導引領下，才將佩特拉神祕的位置公諸於天下。此後，藉著英國畫家大衛．羅勃斯(David Roberts)的版畫，世人方才見到佩特拉的美麗。自此，到訪佩特拉的遊客絡繹不絕。

1985年，佩特拉被聯合國教科文組織列入世界文化遺產。它也是世界(新)七大奇觀之一。

> 🖂Wadi Musa旁，在Aqaba北邊120公里處 ☎962 32 15 70 93 🕘4月下旬～5月06:00～18:00，11月～4月上旬06:00～16:00，齋戒月07:00～16:00 $JD50/1日票，JD55/2日票，JD60/3日票(Jordan Pass請參考黃頁簿P.212)，每週一、三、四有Petra by night燭光宴，20:30開始，費用JD17 ➡JETT巴士每日06:30從安曼開往Petra，亦可搭計程車或參加1日遊團體 http www.visitpetra.jo

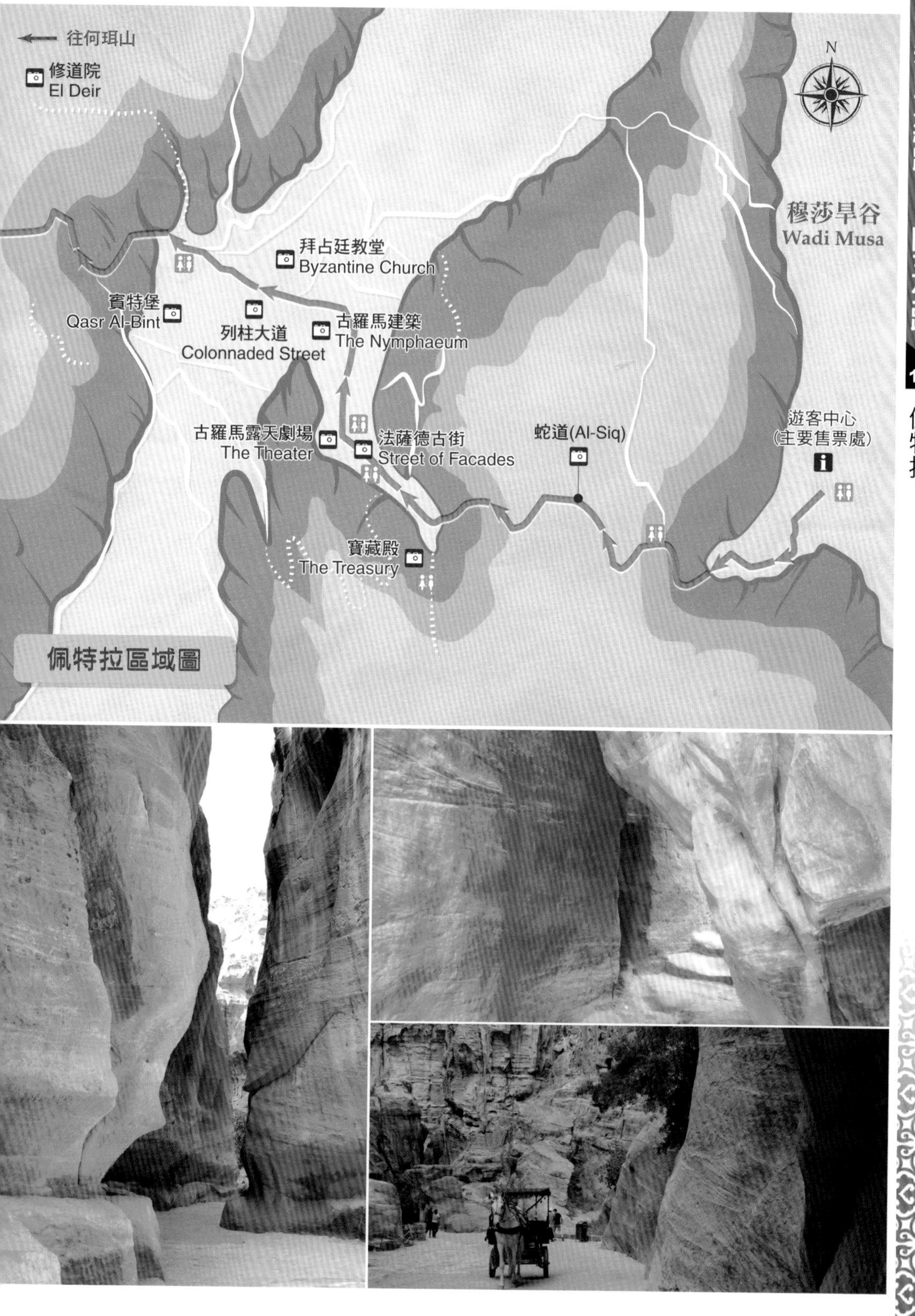
往何珥山
修道院
El Deir
穆莎旱谷
Wadi Musa
拜占廷教堂
Byzantine Church
賓特堡
Qasr Al-Bint
列柱大道
Colonnaded Street
古羅馬建築
The Nymphaeum
古羅馬露天劇場
The Theater
法薩德古街
Street of Facades
蛇道(Al-Siq)
遊客中心
(主要售票處)
寶藏殿
The Treasury
N
佩特拉區域圖

大眾簡易版行程：蛇道—寶藏殿

一般遊客到佩特拉，為的只是看一眼峽谷盡頭的卡茲尼神殿。從售票口到「蛇道」的入口，除了步行還能騎馬。之後，從「蛇道」到神殿則可騎駱駝或搭乘馬車。這些交通方式對腳力欠佳的人而言不愧是福音，他們照樣可以輕鬆遊覽佩特拉。

蛇道

從遊客中心走到「蛇道」(Siq)入口需時15分鐘。若是騎馬，騎馬費用已經包括在門票當中。但是，牽馬的小童必然會期待您給他小費。

1

2

3

整條「蛇道」長達1.5公里，這條谷道值得大家慢慢前進，細細品味。

鬼斧神工的巨岩被彎道劈開，最狹窄處僅2公尺寬，最陡崖壁有200多公尺高。向上仰望，僅此一線天。佩特拉屬砂岩高山地形。因為岩層扭曲，岩壁石紋呈螺旋狀或波浪狀，在灑落的陽光下閃著粉紅、淡紫或褐黃的色彩。

沿著「蛇道」可欣賞到納巴泰人的浮雕、兩側引水渠道和崖壁牆角的藍色野花。谷道一部分是因水力穿通，一部分則由人工挖鑿。納巴泰人意在製造神聖的氛圍，彎道盡頭隱藏著玫瑰城美麗的驚喜，當地人口中的「寶藏」(The Treasury)。

寶藏殿

幾乎所有到過約旦旅行的觀光客都曾經造訪過佩特拉，而他們最想看的景點就是寶藏殿(The Treasury)。

寶藏殿的原名是卡茲尼神殿(Al-Khazneh)。這座墓室神殿是在西元200年左右為納巴泰國王阿列塔斯三世(Aretas III)所建。高兩層，6支羅馬廊柱，上頭有精雕細琢的女神像和石鷹。

神殿的石材是含鐵的石灰岩。不論晨昏，在光線的照射之下，岩壁輝映著溫馨的金黃、杏紅、橘紅等瑰麗的色彩。也因此，佩特拉又被稱為「玫瑰城」。

遊客會到佩特拉來旅遊，有的人是因為看了電影《聖戰奇兵》(Indiana Jones and the Last Crusade)而對此地感到好奇，也有人是純粹魅惑於觀光宣傳手冊上那抹粉紅色的身影。

「寶藏殿」是眾多遊客到佩特拉一遊的終點。許多人可能受限於時間或體力，他們到此只是蜻蜓點水，照完相就走回頭路。

1.蛇道兩側有引水用的渠道／**2.**金黃色的蛇道岩壁，呈螺旋狀或波浪狀／**3.**崖壁牆角的藍色野花／**4.**佩特拉因光線呈粉紅色，又被稱為玫瑰城／**5.**寶藏殿前，駱駝和妝扮的納巴泰士兵供人照相／**6.**寶藏殿上頭雕琢女神像和石鷹

1

進階版延伸行程：法薩德古街墓穴區—修道院

繫緊您的鞋帶，做一個深呼吸！如果您平日有運動鍛煉，這是您大展身手的好機會。否則就找匹好驢子，騎著牠爬那900多級的石階，蹬到山頂上去吧！

法薩德古街墓穴區

過了寶藏殿，穿越一道峽谷，告別了販賣紀念品的小攤子，眼前豁然開朗。

前面的走道叫做法薩德古街(Street of Facades)。古街兩側的岩壁上有許多洞穴，有的洞穴可供人居住，也有不少洞穴是皇陵或平民的墓窟。

再往前走，左手邊出現了一座能容納2,000名觀眾的古羅馬露天劇場。這座從岩石中開鑿出來的劇場其實是納巴泰人的傑作，之後，古羅馬人才進駐於此的。

更往前就是列柱大道(Colonnaded Street)了。它是當年納巴泰王國的主要街道，西元363年大地震之前，這裡兩旁都是住家和商店。

到了此處，四周只見趕驢的年輕人在招攬遊客們前往「修道院」。因為「修道院」位於900多石階上的山頂。

2

3

修道院

「修道院」(El Deir)是佩特拉最大的紀念性建築。根據記載，早在西元前三世紀時，它是為了紀念納巴泰人統治者奧保達一世 (Obodas I)所建造的。後來人們發現牆上雕刻有拜占庭時期留下的十字架，故改稱此建築物為「修道院」。

前往「修道院」必須爬900多級階梯，通常遊客會選擇騎驢為交通方式。甘願步行登山者都值得讓人按「讚」，因為上下一趟就將近2,000級的階梯！從山頂的瞭望台，可以遠眺何珥山(Mt. Hor)。何珥山又稱亞倫山(Mt. Aaron)。此山與舊約聖經有關，據說，摩西的兄長亞倫長眠於此。

大衛・羅勃斯的版畫

英國風景畫家大衛・羅勃斯(David Roberts)，他在1839年所繪的版畫「修道院」(The Convent)逼真又優雅。

根據羅勃斯的形容，當年他曾隨一位阿拉伯護衛，走了將近一哩路的階梯爬上到「修道院」。他注意到殿內的牆壁上曾經畫有十字架，因此羅勃斯認為這裡曾經是基督教的教堂。

1.法薩德古街，兩側的岩壁上有皇陵或平民的墓窟／**2.**法薩德古街，也有人選擇以乘坐駱駝代步／**3.**在法薩德古街管理秩序的警察／**4.**位於山頂的「修道院」建於西元前三世紀／**5.**前往「修道院」，必須攀爬900多級階梯／**6.**從山頂的瞭望台，可以遠眺對面的亞倫山／**7.**風景畫家大衛、羅勃斯所繪的版畫「修道院」

死海公路沿途景致

大部分的死海公路(亦稱65號公路)行走在風景絕美的沙漠裡，一路穿行於杳無人煙的礫漠，以及高低起伏的沙丘之間。

從阿卡巴回安曼，我選擇了這條遊客極少的公路。遊客少的原因，一來是缺少大眾交通工具，其次是因為這裡靠近約旦和以色列的邊界。邊境的氣氛比較緊張，常見軍事哨站、坦克車和高大的鐵絲網。自然，他們也不會鼓勵大家下車或照相。

其實，沿著這條公路有不少舊約聖經上的史蹟，如果走另一條叉路可以進入加蘭朵(Gharandal)去探幽尋祕。山區有不少貝都人聚落，這條叉路也可通向國王公路和佩特拉。

阿卡巴

緊臨紅海要塞與度假勝地

Aqaba

近年來，許多人盛行到紅海浮潛，阿卡巴(Aqaba)、佩特拉和瓦地倫互成一個旅遊三角。

自古阿卡巴的戰略地位就不容小覷，如今它更是一個繁忙的經濟港口與度假勝地。從空中鳥瞰，阿卡巴港就夾在褐黃色的西奈半島與鐵紅色的阿拉伯沙漠之間。紅海的海水在這幅活地圖上恣意的閃著碧藍的光彩。

阿卡巴是追尋「阿拉伯的勞倫斯」足跡的一個必訪重點，然而此地現存有關勞倫斯的遺跡並不多。唯獨阿卡巴砲臺堡壘(Aqaba Fort，又稱馬穆魯克城堡)大門上方的哈希姆約旦皇家國徽尚堪稱一景。這枚國徽意在紀念「阿拉伯大起義」時，起義軍潰擊鄂圖曼土耳其士兵的阿卡巴戰役。

約旦是個內陸國，海岸線僅25公里長，阿卡巴是約旦唯一海港。紅海則由周圍4國共管，它們分別是：約旦、埃及、以色列和沙烏地阿拉伯。

隔著紅海，阿卡巴的對岸就是以色列的伊拉特(Eilat)。令人嗟嘆的是，僅一水之隔，已是另一個宗教語言完全不同的國度。

沙漠小知識

紅海浮潛看美麗珊瑚礁

紅海海水平靜，海底有珊瑚礁花園，其中最稀罕的就是黑珊瑚。在大海扇、海葵之間悠游著天使魚、獅子魚、蝴蝶魚、小丑魚，還有成群結隊的鯛魚。

到紅海浮潛，幾乎是每家旅館都會有招攬的行程。有私人浮潛海域，提供交通及全套浮潛用具。

沙漠行旅手札

死海公路與台灣榮工處的淵源

從阿卡巴順著死海公路往北走，左側開始出現巨牆般的黃土山脈，連綿雄偉，那裡就是西奈半島。

可憐啊！如今連西奈半島也不安全了。咫尺天涯，我們再也無法像勞倫斯那樣步行橫越那片黃沙大漠。這裡的氣氛緊繃，紅海看似平靜卻暗流洶湧。處處可見荷槍實彈的士兵，沒走幾公里就看見停泊著坦克車的哨站。阿拉伯旱谷(Wadi Araba)漠地之外是鐵絲網圍牆，牆那頭則是以色列。

這一段死海公路，從阿卡巴到沙菲(Safi)176公里的路段是由台灣榮工處協助約旦建造的。榮工處，如今的名字是「榮民工程股份有限公司」。當年他們在這片氣溫高達40多度、無人無植物的礫漠中，歷經萬般艱辛與危險(包括清除邊界一些地雷)，終於在1978年完成了他們的使命。

接著，榮工處再次承辦沙菲到馬茲拉(Mazra'a)20公里的路段。這段道路位於死海的鹽沼(Salt Pans)旁，環境險惡，也於1979年成功的完成了。

此段死海公路，歸功於榮民工程師的血汗，他們的成就替約旦和台灣雙方的友誼奠定了穩固的基礎。

死海

世界最低的鹽水湖

Dead Sea

死海(Dead Sea)其實不是「海」，而是一個超級大的鹽水湖。死海是世界上最低、最深也最鹹的鹽水湖！

沒有海浪的死海宛如一面湛藍明鏡，波瀾不驚。

死海源起於約旦河，面積810平方公里。只是，約旦河流進死海就被它吞噬了，再也沒有出口。因此死海含鹽量甚高，比一般海水高出10倍。

死海的海水雖然不適合動植物生存，卻含有大量的礦物質。靠近死海南端建有一間鹽化工廠。他們產鹽，也開發提煉像溴化鎂和溴化鉀這類物質。藉此，他們替約旦賺入不少外匯。

死海中央有一條無形國界，這一邊是約旦，另一側則是以色列的West Bank。

慕名前來死海的遊客，他們喜歡躺在水面上假裝讀書或看報。至少也要裝個樣子照張相，好證明死海的浮力。然而，謹記要注意保護眼耳口鼻或任何皮膚傷口，不要讓海水侵入，否則會痛苦不堪。

不喜歡在死海「游泳」的人，也可以參加用死海黑泥護膚的各項行程。

死海是世上最鹹的鹽水湖，湖岸堆積著純白的結晶鹽

1.死海是世上最鹹的鹽水湖，湖岸堆積著純白的結晶鹽／**2.**來一杯白沙上烹煮的熱咖啡

沙漠中的小典故

摩押山與摩押人的由來

漠地盡頭是一排紫紅色的高原山巒，這片約910公尺的高地叫摩押山(Moab Mountains)。此處有羅馬時代和拜占庭時代遺留下來的古蹟，如今是貝都因人的家園。摩押山脈最北段有尼波山(Mount Nebo)，那裡有摩西的墓及一些與基督教相關的事蹟與遺址。

摩押人(Moab)是中東一個古老民族，居住在死海東岸。舊約聖經記載摩押人起源於亂倫。摩押，意即「父親的後裔」，是亞伯拉罕的姪子羅得與其長女所生的兒子。摩押人常與以色列人產生衝突。

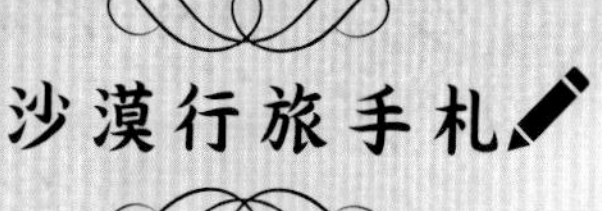

沙漠行旅手札

想念勞倫斯

勞倫斯(T. E . Lawrence)是一個充滿使命感的文學家。

他的使命是協助阿拉伯人獲取獨立與自由。時勢造英雄，勞倫斯也確實是個睜眼觀看自己夢想實現的人。

勞倫斯的文學造詣自然天成，他在我眼裡就是一個天才。《智慧七柱》是一本關於沙漠戰爭的經典巨著。我讀過中文版翻譯，也買了英文精華版《Desert Revolt》慢慢品讀。牛津英文在勞倫斯的掌控下如行雲流水，字裡行間，我深深為他的才華著迷。勞倫斯聰慧狡黠，是個自視甚高的鬼靈精。他的英式幽默常令我讀著讀著就不禁莞爾。讀《智慧七柱》就像讀勞倫斯個人的沙漠歷險記，也是讀一本趣味盎然的旅遊文學著作。

在約旦南方，我立於高處遙望紅海岸邊的阿卡巴港。我想像當年勞倫斯率領50名漢志戰士騎著駱駝，行軍越過艱險萬分的內夫德沙漠來到此地。

此際阿卡巴港在陽光下氤氳著寶藍的色彩，我一路追隨勞倫斯的足跡，思他天才早逝。

這一刻，我是真的想念他了。

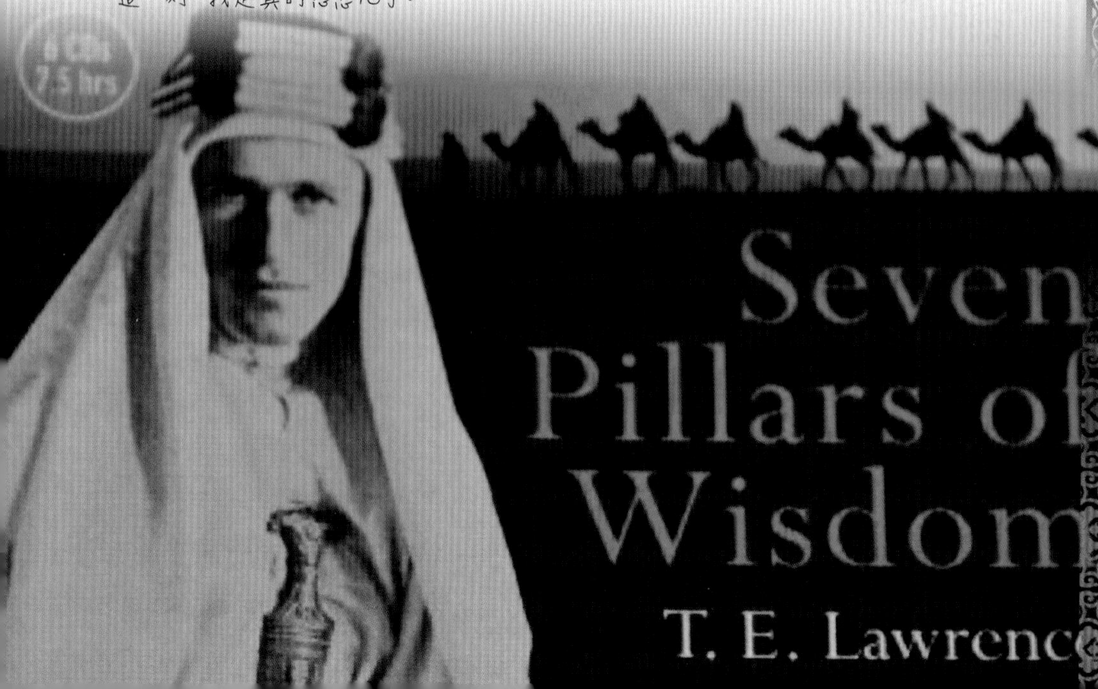

Seven Pillars of Wisdom

T. E. Lawrence

簽證

摩洛哥

因為台灣和摩洛哥之間沒有邦交，辦理摩洛哥簽證比較費時複雜。台灣旅客最常使用的方式，是將申請資料寄到摩洛哥駐日本大使館去辦理。建議至少出發前5週將上述文件掛號郵寄達。摩洛哥海關通常只給15天簽證，若欲延長，必須到首都拉巴特去辦理。

．摩洛哥駐日本大使館

(日)モロッコ王国大使館

(英)Morocco Embassy, Japan

✉(日)東京都港區南青山5丁目4-30；(英)5-4-30 Minami Aoyama Minato-Ku, Tokyo, Japan

郵遞區號 〒107-0052

☎81 354857171

http www.morocco-emba.jp

所需資料

1.護照影印本(護照效期在6個月以上)

2.身分證影印本

3.兩張照片(3.5公分x4.5公分，兩年內的彩色相片)

4.申請表格(需寫上e-mail)

5.英文電子機票訂位(在摩洛哥停留15日。機票只需顯示行程，不需先付款)

6.英文財力證明(約新台幣10萬元)

7.英文保險單影印本

8.確認的旅館訂房證明(若不確定，可上網搜尋在入住前可免費取消的旅館)

9.英文旅行計畫表

注意事項

1.據各方經驗，申請簽證的工作天約1～2個月。

2.訂機票前請預先向航空公司查詢是否接受「摩洛哥觀光簽證確認函」(Visa confirmation letter)。

由摩洛哥駐日本大使館核發的確認函是一種入境許可，搭乘飛機時，必須有此證件。

3.收到簽證確認函之後，聯絡自己的航空公司，要求OK On Board證明。

近來，台灣旅客常因「摩洛哥觀光簽證確認函」受到航空公司check-in櫃台的刁難，其中Easy-Jet、卡達航空、阿提哈德航空和法國航空都不承認「摩洛哥觀光簽證確認函」。台灣團客申辦落地簽(由摩洛哥旅行社代辦的簽證)，若選擇土耳其航空或阿聯酋航空，就沒有上述問題，大都能夠順利搭上飛機，通關入境。

摩洛哥簽證申請書(第一頁)

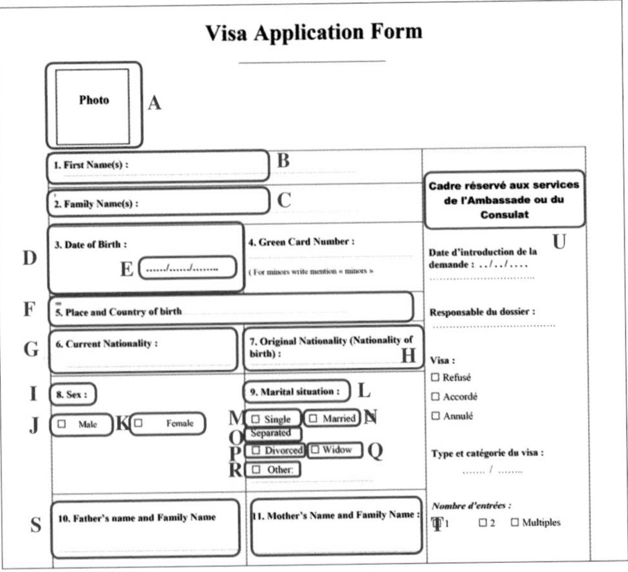

Visa Application Form

Photo A

1. First Name(s) : B

2. Family Name(s) : C

Cadre réservé aux services de l'Ambassade ou du Consulat

D 3. Date of Birth : E ....../....../........

4. Green Card Number :
(For minors write mention « minors »

U Date d'introduction de la demande : ../../....

F 5. Place and Country of birth

Responsable du dossier :

G 6. Current Nationality :

7. Original Nationality (Nationality of birth) : H

Visa :
☐ Refusé
☐ Accordé
☐ Annulé

I 8. Sex :

J ☐ Male K ☐ Female

9. Marital situation : L

M ☐ Single ☐ Married N
O Separated
P ☐ Divorced ☐ Widow Q
R ☐ Other:

Type et catégorie du visa :
.... / ....

S 10. Father's name and Family Name

11. Mother's Name and Family Name :

Nombre d'entrées :
T ☐ 1 ☐ 2 ☐ Multiples

A.相片／**B.**名字／**C.**姓氏／**D.**出生日期／**E.**日月年／**F.**出生地／**G.**國籍／**H.**出生原籍／**I.**性別／**J.**男／**K.**女／**L.**婚姻狀況／**M.**單身／**N.**已婚／**O.**分居／**P.**離婚／**Q.**寡居／**R.**其他／**S.**父親姓名／**T.**母親姓名／**U.**簽證官員填寫

(第二頁)

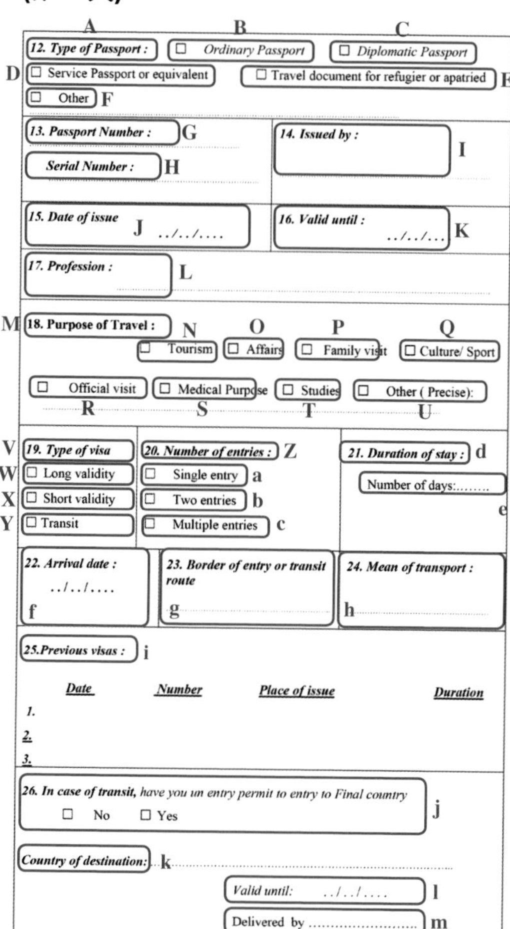

A 12. *Type of Passport :* B ☐ *Ordinary Passport* C ☐ *Diplomatic Passport*
D ☐ Service Passport or equivalent ☐ Travel document for refugier or apatried E
☐ Other F

13. Passport Number : G
Serial Number : H
14. Issued by : I

15. Date of issue J ../../....
16. Valid until : ../../... K

17. Profession : L

M **18. Purpose of Travel :**
N ☐ Tourism O ☐ Affairs P ☐ Family visit Q ☐ Culture/ Sport
R ☐ Official visit S ☐ Medical Purpose T ☐ Studies U ☐ Other (Precise):

V *19. Type of visa*
W ☐ Long validity
X ☐ Short validity
Y ☐ Transit

20. Number of entries : Z
☐ Single entry a
☐ Two entries b
☐ Multiple entries c

21. Duration of stay : d
Number of days:........ e

22. Arrival date : ../../.... f
23. Border of entry or transit route g
24. Mean of transport : h

25.Previous visas : i

	Date	Number	Place of issue	Duration
1.				
2.				
3.				

26. In case of transit, have you un entry permit to entry to Final country j
☐ No ☐ Yes

Country of destination: k
Valid until: ../../.... l
Delivered by .... m

A.護照類別／B.一般護照／C.外交護照／D.公務護照／E.難民證件或無國籍／F.其他／G.護照號碼／H.序列號／I.發照處／J.發照日期／K.護照效期／L.職業／M.旅行目的／N.旅遊／O.事務／P.拜訪家人／Q.文化／體育／R.公務／S.就醫／T.求學／U.其他(請詳細說明)／V.簽證類別／W.長期／X.短期／Y.過境／Z.簽證數次／a.單次簽／b.雙次簽／c.多次簽／d.停留時間／e.多少天／f.抵達日期／g.進關的關口或過境的路線／h.交通工具／i.從前的簽證紀錄／j.如果是過境，是否有最終抵達國家的簽證／k.目的地國家／l.效期／日月年／m.運輸工具

(第三頁)

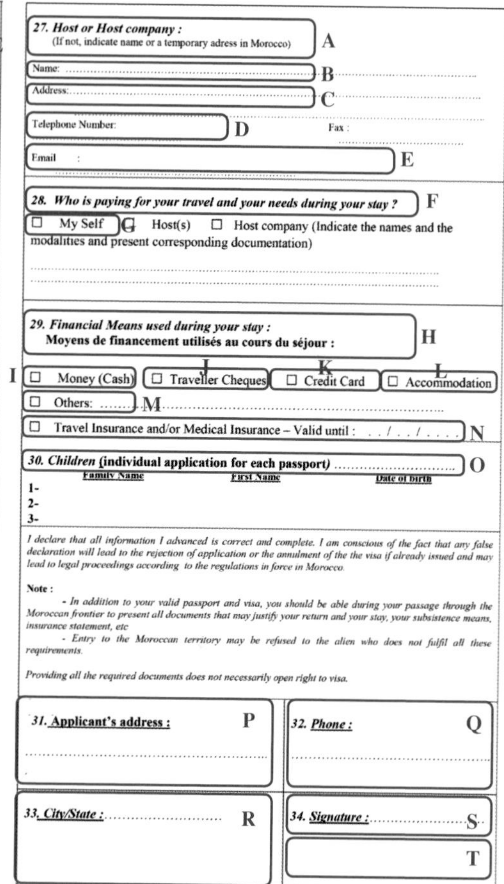

27. Host or Host company : A
(If not, indicate name or a temporary adress in Morocco)
Name: .... B
Address: C
Telephone Number: D Fax :
Email : E

28. Who is paying for your travel and your needs during your stay ? F
☐ My Self G ☐ Host(s) ☐ Host company (Indicate the names and the modalities and present corresponding documentation)

29. Financial Means used during your stay : H
Moyens de financement utilisés au cours du séjour :
I ☐ Money (Cash) J ☐ Traveller Cheques K ☐ Credit Card L ☐ Accommodation
☐ Others: .... M
☐ Travel Insurance and/or Medical Insurance – Valid until : . . / . . / . . . . N

30. Children (individual application for each passport) .... O

	Family Name	First Name	Date of birth
1-			
2-			
3-			

I declare that all information I advanced is correct and complete. I am conscious of the fact that any false declaration will lead to the rejection of application or the annulment of the the visa if already issued and may lead to legal proceedings according to the regulations in force in Morocco.

Note :
- In addition to your valid passport and visa, you should be able during your passage through the Moroccan frontier to present all documents that may justify your return and your stay, your subsistence means, insurance statement, etc
- Entry to the Moroccan territory may be refused to the alien who does not fulfil all these requirements.

Providing all the required documents does not necessarily open right to visa.

31. Applicant's address : P
32. Phone : Q
33. City/State : .... R
34. Signature : .... S
T

A.摩洛哥住宿／B.旅館名稱／C.旅館地址／D.旅館電話／E.旅館電子郵件／F.旅行費用支付人／G.本人／H.付款方式／I.現金／J.旅行支票／K.信用卡／L.票據／M.其他／N.旅遊保險或醫療保險／效期／O.孩童護照資訊／P.申請人住址／Q.電話／R.居住城市／S.簽名／T.在此加上您的E-mail

緊急狀況

台灣在摩洛哥未設駐外館處，若有緊急狀況需要協助，請聯絡：

- **兼轄摩洛哥領務之駐法國代表處**

  ☎33 680074994

埃及

持6個月以上有效效期的中華民國護照，即可申請埃及的落地簽證，效期30天。簽證費USD25(單次入境)，USD35(多次入境)。基於安全考量，建議由開羅、亞歷山大、路克索等機場進入埃及。

所需資料

1. 護照
2. 彩色照片1張
3. 來回機票證明
4. 整數的25元美金

緊急狀況

台灣在埃及沒有代表機構，若有緊急狀況需要協助，請與以下相關單位聯繫。

1. **台灣外貿協會／開羅台灣貿易中心**

   ☎20 1007182522
2. **中華民國駐約旦代表處**

   ☎962 795552605
3. **請家人撥打「旅外國人緊急聯絡專線」**

   ☎886 800085095

   http www.boca.gov.tw

約旦

落地簽證，簽證費JD40，效期1個月。

Jordan Pass

Jordan Pass包括單次入境簽證費JD40，是背包客省錢的方式。

Jordan Pass必須在進入約旦之前，預先在網上申請購買。進出約旦及造訪Jordan Pass建議的40個景點時，都要隨身攜帶Jordan Pass的紙本或電腦紀錄證明。

http www.jordanpass.jo

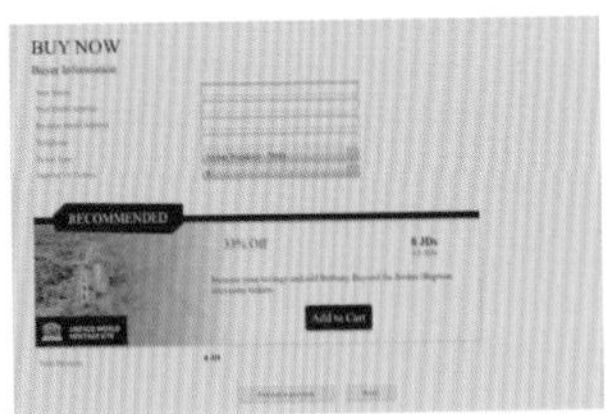

Jordan Pass申請網站

優點：

Jordan Pass有分JD70、JD75、JD80三種票價，若是購買JD70的Jordan Wanderer，包括單次入境費JD40，參觀佩特拉1日的門票(JD50)，還可以免費參觀官網上所述的約旦40個景點。

限制：

至少要在約旦持續停留4天3夜。如果提前離開，按規定，出境時必須補繳JD60。

第一次掃描後，Jordan Pass在兩星期到期後則失效。

注意：

1. 從以色列經陸路進入約旦，中關口King Hussein Bridge(Allenby bridge)不發落地簽證。
2. 持Jordan Pass的人，若是想走陸路從以色列進入約旦，依規定阿卡巴是唯一接受Jordan Pass的關口。中關口有人試過，但無法保證可通關。

中華民國(台灣)商務辦事處／駐約旦代表處

對於遊客而言，辦事處的主要用途是在緊急情況時給予國人協助。狀況如，車禍、刑事案件、補發護照等等事宜。

✉No.18，Iritiria Street, Um Uthainah, Amman, Jordan

☎962 6554 4426

☎急難救助行動電話：962 795552605

機票

此書的行程設計，目的在讓您能夠痛快的將「沙漠三國：摩洛哥、埃及、約旦」

一次玩完，玩得既豐富又省錢。

因此，建議您先到摩洛哥，回程時再前往埃及和約旦旅遊。機票則建議買阿聯酋航空。

去程：台北→杜拜→卡薩布蘭加

返程：卡薩布蘭加→杜拜→安曼→開羅→杜拜→台北

從杜拜→安曼→開羅→杜拜這一段，可以選擇約旦皇家航空或埃及航空。

若想分幾次造訪這三個國家，請參考黃頁簿的各國「航空資訊」。

搭乘卡達航空，會在杜哈轉機(圖片提供：番茄媽咪愛旅行/from Pixnet)

交通資訊

摩洛哥

航空

從台灣前往卡薩布蘭加(Casablanca，CMN)有多家航空公司可供選擇，但是大都必須在香港轉機，然後到本國再轉一次。

- **阿聯酋航空**
  http www.emirates.com
  轉機點：杜拜
- **土耳其航空**
  http www.turkishairlines.com
  轉機點：伊斯坦堡
- **德國漢莎航空**
  http www.lufthansa.com
  轉機點：香港、法蘭克福
- **英國航空**
  http www.britishairways.com
  轉機點：香港、倫敦

渡輪

西班牙的阿爾赫西拉斯(Algeciras)到摩洛哥的丹吉爾(Tanger)可搭乘渡輪，船程約1小時30分鐘，單程船資約€35。目前有5家渡輪公司可選擇，其中FRS每天有8個船次。

若是從丹吉爾地中海線港口(Tanger Port Mediterraneen)出發到西班牙，因為通關過程較久，建議提早1小時前往港口碼頭。

- **FRS渡輪**
  http www.frs.es
- **Transmediterranea渡輪**
  http www.transmediterranea.es

FRS渡輪，航行進入丹吉爾港口

鐵路

摩洛哥鐵路局(ONCF)的列車分頭等艙(First Class)和普通艙(2nd Class)的包厢，票價相差滿多。建議短程(如：卡薩布蘭加機場到市郊)坐普通艙即可。遠程(如：馬拉喀什到丹吉爾) 則坐頭等艙較為舒適。

- **摩洛哥鐵路局(ONCF)**
  http www.oncf.ma

巴士

摩洛哥鐵路局火車沒有抵達的地方，可以改搭巴士。

遠程巴士除了CTM之外，還有許多私人公司的巴士可供選擇。通常在巴士總站(Gare Routiere)就有掮客前來兜售車票。他們只是代巴士公司招攬顧客，票價不變。

- **CTM**
  http www.ctm.ma
- **Supratours Bus**
  http www.supratours.ma

摩洛哥的遠程巴士跑遍大城小鄉鎮

大計程車(Grand Taxi，遠程計程車)

大都行駛在小城鎮之間，有的也願意讓客人包車到偏遠村落。車型大都是淺黃色、老舊的賓士轎車。司機叫客，滿5人或6人即可開車上路。2小時車程約Dh20，若是補足人數的差價也可以馬上開車。

小計程車(Petit Taxi，市區短程計程車)

按碼錶或是雙方同意的價格來計費。

沙漠團

到摩洛哥自助旅行的人，通常會在馬拉喀什或菲斯尋找前往歇比沙海或奇加加沙海的團體。大多數人選擇的沙漠團是3天2夜，或者4天3夜，價格可以從€280～€500不等。比價時，建議仔細閱讀行程表。關於住宿交通品質，在沙漠停留多久，有無去「艾本哈都城寨」等都是應該考慮的重點。

在馬拉喀什的主要大街或菲斯的鬧區，也有多家舉辦沙漠團的旅行社可供選擇。

· **沙漠團**

http www.saharadeserttrips.com

http www.saharaservices.info

撒哈拉沙漠的馬拉松(Marathon des Sables)

報名資訊，請與中港澳台代理機構(Marathon des Sables，MDS)聯繫。

· **中港澳台代理機構**

FB 搜尋「MDS 沙漠馬拉松中港澳台認可代理機構」

http www.happywaytravelhk.com

@ Anthony@amsltd.co；info@happywaytravelhk.com

摩洛哥交通行程建議

1. 因為點與點之間的距離甚遠，建議大城市之間，如丹吉爾到卡薩布蘭加，或馬拉喀什到菲斯，坐火車會比坐巴士舒適便捷。

2. 到契夫蕭安(藍色蕭安)，可從巴士站叫麵包車或計程車到山頂，再往城下走。車資約Dh30，可與其他遊客同租分攤費用。而且，也不必非住宿蕭安不可，可住得土安，那裡有較舒服的riad，選擇較多。隔日再上蕭安1日遊。

埃及

航空

開羅機場(Cairo International Airport)和路克索機場(Luxor International Airport)是埃及的兩個國際機場。

每天都會有許多班飛機抵達開羅，包括世界的各大知名航空。而來自埃及鄰近的中東國家，如約旦、阿拉伯聯合大公國、沙烏地阿拉伯等等，他們的班機更是頻繁。

開羅機場分國外線和國內線兩個機場，啟程之前請和司機再三確認。一般而言，開羅機場的設施尚稱現代、健全。近來因大小突發事件發生，因此埃及的邊境安檢比以前嚴謹一些。只要遵守規則都沒事。檢查嚴格，其實讓人覺得安心些。

開羅機場分國外線和國內線(圖片提供：番茄媽咪愛旅行/from Pixnet)

豪華郵輪

大部分的國際觀光團體到埃及，行程裡除了跑一些陸路景點之外，也安排遊客們乘坐數天的豪華郵輪，欣賞旖旎的尼羅河風光，並且參觀河岸幾處古蹟。

豪華郵輪緩慢的行駛在路克索與亞斯文之間的尼羅河，這個河段大約長200公里。數天中，郵輪既是旅遊團體住宿的地方，也是團員們社交休閒的場所。但是部分郵輪老舊，偶爾也有些顧客會對郵輪的飲食、設備或服務的品質感到不滿，因此容易與旅行社產生爭議。

從郵輪到古蹟，仍然必須換小船，經過拉車，方能抵達帝王谷，拜訪康翁波的「雙神殿」和埃德富的「老鷹神殿」。

行駛在尼羅河上的豪華郵輪(圖片提供：番茄媽咪愛旅行/from Pixnet)

火車

埃及幅員廣大，鐵路是它的交通動脈。雖然埃及的火車不像台灣或歐洲的那麼舒適，它們偶爾也會誤點，但是比起印度的火車，埃及的火車還是值得人們信賴的。

· **埃及火車時刻**

http enr.gov.eg/ticketing

包廂臥鋪夜車

從開羅到亞斯文的包廂臥鋪夜車(Deluxe Sleeper)在20:15從開羅開出，隔天10:00抵達亞斯文；另一班21:30從吉薩開出，隔天10:30抵達亞斯文。返程是23:00從路克索開出，隔天09:00可抵達開羅。

$ 單程票價為單人包廂，USD110。雙人包廂，每人USD80

http www.wataniasleepingtrains.com

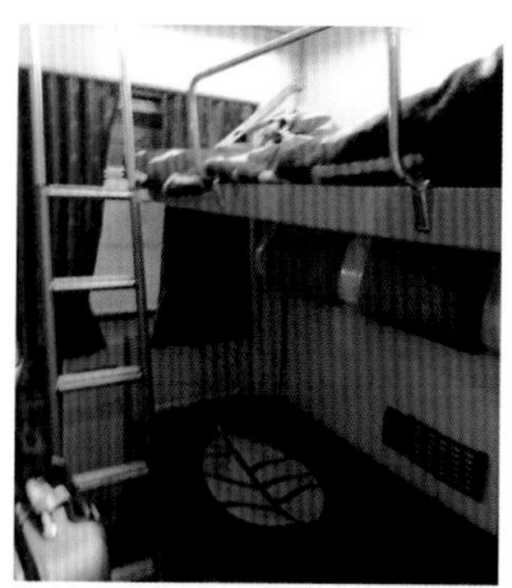

背包客喜歡搭乘夜臥火車(圖片提供：番茄媽咪愛旅行/from Pixnet)

計程車

路克索市中心到機場沒有巴士可搭，必須搭計程車。計程車車價約L.E.70～100。開羅機場到市中心為L.E.100～130，差價皆視旅館距離而定。

約旦

航空

安曼(Amman)的皇后阿莉亞國際機場(Queen Alia International Airport)是約旦主要的國際機場，另一個國際機場是位於阿卡巴的海珊國王國際機場(King Hussein International Airport)。

約旦航空的看板

那些趕行程，只能到約旦的佩特拉(Petra)作「1日遊」的歐美團，大都從阿卡巴機場進出。因為他們不過夜，消費不多，約旦政府便對這類「沾醬油」式的遊客收取JD90的佩特拉門票。約旦政府的詳細規定，請上網查詢。

http www.visitpetra.jo

· **約旦航空**

http www.rj.com

· **阿聯酋航空**

http www.emirates.com

· **埃及航空**

http www.egyptair.com

海路

阿卡巴港是約旦的主要港口。來自埃及和以色列的船客，他們會在阿卡巴港上岸、入關。

陸路

15號公路從阿卡巴到馬安(Ma'an)，又稱為「沙漠公路」。這條公路繼續接35號公路則可抵達安曼，是遊客前往佩特拉和阿卡巴地區最常使用的公路。35號公路，也就是國王公路(King's Highway)。

65號公路又叫做「死海公路」，從阿卡巴沿著阿拉伯旱谷、死海及約旦河谷，一直到伊爾比德(Irbid)城市。

此外，通往以色列有3個陸路關口。它們分別是：

北關口：約旦河橋(又稱Sheikh Hussein Bridge)

中關口：艾倫比(The Allenby，又稱King Hussein Bridge)

南關口：阿卡巴(又稱Wadi Araba Crossing)

各關口開放時間及規定，請上網查詢

http www.visitjordan.com

租車自駕

在約旦租車，可使用國際駕照。約旦同台灣一樣，車輛靠右行駛。

http www.zuzuche.com

住宿情報

摩洛哥

除了國際連鎖旅館外，在摩洛哥最常見的住宿方式是Dar或riad(請見P.88)，它們都附有豐盛早餐。品質服務口碑好的Dar或riad必須提早預訂，請上網比較。

以下是我個人推薦的Hotel，更多選擇請上booking.com或hotels.com等網站查詢。

舊菲斯

Riad Adarissa

✉ Talaa Kebira, Derb Sidi Yaala, 4, Fes Médina, Morocco

☎ 212 535636141
212 652487977(手機)

@ contact@riadadarissafes.com

http www.riadadarissafes.com

Riad Adarissa有漂亮的閣樓套房

梅祖卡

Riad Madu

✉ Ksar Hassi Labled, Merzouga, Morocco

☎ 212 535578740
212 661352895(手機)

@ riadmadu@gmail.com

http www.riadmadu.com

Riad Madu在沙漠中，附有游泳池

得土安

El Reducto

✉ Zawia38，Tétouan，Morocco

☎ 212 539968120

@ elreducto2006@yahoo.es

http www.elreducto.com

埃及

近年來埃及觀光事業一落千丈，旅館界競爭得相當激烈。如果在入住前兩天上網搜尋，通常可以找到折扣過的優惠價。要注意網路上關於旅館提供Wi-Fi的說明。如果Wi-Fi只在大廳Lobby有訊號，通常收訊速度緩慢到令人抓狂。房間有Wi-Fi是好消息，但是有些旅館會因此額外收費。

吉薩金字塔後門區

吉薩金字塔區分前後門售票口。前門區的旅館比較高檔比較貴，後門是埃及本地人出入口，也是夜晚燈光秀的入口。這裡有兩家極受中價位遊客青睞的旅館。

Pyramids View Inn

✉10 Sphinx St, Nazlet Ei-Semman, Giza, Cairo
☎20 1000586661
@samy@pyramidsviewinn.com
http www.pyramidsviewinn.com

Great Pyramid Inn

✉14 Abou Al Hool Al Seiahi, Giza, Cairo
☎20 1021213472
@info@greatpyramidinn.com
http www.greatpyramidinn.com

上埃及區(亞斯文)

Philae Hotel Aswan

✉79 Cornish El Nil St, Aswan
☎20 972465090
http www.philaehotel.omyhotels.club

可在一般訂房網站訂，如booking.com或其他網站。這間旅館正面對著繁忙的尼羅河。風景好，旅館服務亦甚佳，必須預訂，以免向偶。

位於亞斯文的美居飯店(Mercure Hotel)，環境十分幽靜

約旦

約旦幣值高，稅率16%，因此它的消費水平也比其他國家高。靠近城市與主要景點的旅館大都符合國際標準，價格自然也不低。住宿費一般都會包括早餐。

安曼的平價旅館大都位於市中心。中高檔的旅館則分布在安曼山坡郊區，幽靜、設備舒適。唯一困擾是交通，因為山路陡，出門幾乎都要搭乘計程車。

若住宿安曼市區或城市以南的Madaba，可上網查詢適合價位的旅館。3、4星級Hotel一晚約JD50～80。

若是從阿卡巴入境，則可住宿阿卡巴市區或直接到佩特拉。

安曼

Toledo Hotel

✉37 Al Razi Street, Amman, Jordan
☎962 64657777
@frontdesk@toledohotel.jo
http www.toledohotel.jo

佩特拉

Petra Moon Hotel

✉Petra Visitor Center Street, Wadi Musa, Jordan
☎962 32156220
http www.petramoonhotel.com

Petra Moon Hotel的房間感覺很豪華

阿卡巴

Cedar Hotel

✉Aqaba,Eshbeliah St. Building20, Aqaba, Jordan
☎962 32030304
http www.facebook/cedaraqaba

生活資訊

摩洛哥

貨幣

現金方面，建議攜帶歐元或其他主要貨幣。除了摩洛哥本國，別的地方幾乎無法

兌換到摩洛哥貨幣。

摩洛哥貨幣是迪拉姆Dirham(簡稱MAD，或以Dh表示)。鈔票面額分5、10、50、100、200等幣值。硬幣有Dh1、2、5、10、20和50cent的硬幣。

匯率

Dh1大約= NT$3.18。簡易換算：100元新台幣可換Dh32。

查詢最新匯率：(埃及、約旦的匯率查詢，皆可利用以下兩個網站)

http www.finance.google.com.hk

http www.x-rates.com

Dh20，圖為現今國王穆罕默德六世

ATM及信用卡

雖然銀行費用高，在摩洛哥各城鎮皆有ATM，可以金融卡或信用卡提款。機場都有ATM，可先領少數，到城市再比較匯率。一般ATM領款上限Dh2,000，也可能因不同銀行而異。

大部分的商家都能接受Visa及Master Card等信用卡的付款。

退稅

外國遊客在摩洛哥一次購買金額若超過Dh2,000，可持相關證件在機場辦理退稅。可以辦理退稅的地方包括卡薩布蘭加、馬拉喀什和拉巴特等機場的Banque Populaire，International Refund。

可退的稅率是購買價的20%。可退的現金額度是Dh5,000(或等值的歐元、美金)，退稅款亦可將錢撥入信用卡。

相關證件包括護照、退稅單、發票或收據。並請攜帶購買之商品，預留足夠時間 提前到機場，經海關檢查蓋章，再到Global Blue退稅處去完成退稅手續。

不可退稅的商品有：食物、藥品、寶石、菸草、私人交通工具及專有文物等。

http www.globalblue.com

Global Blue退稅Logo

時差

摩洛哥比台灣慢8小時。夏季日光節約則慢7小時。

電壓和插座

摩洛哥的電壓是220伏特，使用法式兩圓柱插頭。

法式兩圓柱插座

法式兩圓柱插頭，以及轉換的插頭

撥打電話

- **台灣打電話到摩洛哥**

  002+212+對方的電話號碼(區域/行動電話號碼前去0)

- **摩洛哥打電話到台灣**

  00+886+台灣的電話號碼(區域/行動電話號碼前去0)

埃及

貨幣

埃及的貨幣是埃及鎊(簡稱EGP，或以L.E.表示)。L.E.即法語livre égyptienne。紙幣面額分1、5、10、20、50、100、200等幣值。

1埃及鎊 = 100皮斯特(piastres)

1皮斯特 = 10米利姆(millimes)

輔幣(埃及硬幣)：1埃及鎊、50皮斯特、25皮斯特

1埃及鎊的紙幣較少見，已逐漸為1 埃及鎊的硬幣取代。皮斯特、米利姆因為幣值過低，觀光客也很難見到。

1埃及鎊紙幣的背後有阿布辛貝圖案，10埃及鎊紙幣的背後有卡夫拉法老王的人像，20埃及鎊紙幣的背後有法老王的戰車圖案。

建議換錢或購物時，盡可能留下1埃及鎊和5埃及鎊。1埃及鎊方便上廁所時給小費，5埃及鎊方便給服務人員小費。

匯率

L.E.1大約= NT$1.70。埃及鎊匯率經常浮動，出門前應再Google查詢。

1 埃及鎊和50皮斯特的正反面

5埃及鎊正面

5埃及鎊反面

50埃及鎊正面

50埃及鎊反面

(圖片提供：Hinoki/from PIXNET)

ATM及信用卡

大部分的埃及大城市及觀光區鎮皆設有ATM，可以金融卡或信用卡提款。一般ATM領款上限L.E.2,000，也可能因不同銀行而異。

大部分的商家都能接受Visa及Master Card等信用卡的付款。

退稅

外國遊客在埃及一次購買金額若超過L.E.1,000，則可持相關證件在機場辦理退稅。自2017年7月1日起，埃及實施VAT(Value Added Tax)制，標準稅率是10%。

退稅應該預備的證件包括：護照、登機證、退稅證明發票及購物清單發票。請攜帶購買之商品，預留足夠時間提前到機場，經海關檢查蓋章，辦理出境。退稅的地方在安檢旁邊，工作人員會替你計算退稅金額。計算完畢，再拿所有證件到國際航班抵達的大廳，讓退稅處人員再核算，才能拿回退稅金。

時差

埃及比台灣慢6小時。夏令時間相差5小時。

電壓和插座

埃及的電壓是220伏特，雙圓孔插座。

雙圓孔插座可用的轉換插頭

撥打電話

- **台灣打電話到埃及**
  002+20+對方的電話號碼
  (區域/行動電話號碼前去0)
- **埃及打電話到台灣**
  00+886+台灣的電話號碼
  (區域/行動電話號碼前去0)

約旦

貨幣與兌換

約旦貨幣是第納爾(Jordanian dinar，簡稱JOD，或以JD表示)。鈔票面額分1、5、10、20、50等幣值。

硬幣有1、1/2、1/4第納爾，以及5、10皮阿斯特(piasters)等。此外，還有更小的菲爾(fulus)，但觀光客很難見到。

1第納爾 = 100皮阿斯特

1皮阿斯特 = 10菲爾

從約旦紙幣，我們可以看到「阿拉伯大起義」中的幾位大人物。1第納爾的正面是海珊・本・阿里(Hussein bin Ali)的人面像，背面是「阿拉伯大起義」的圖案。海珊・本・阿里是阿布都拉一世和費瑟(Feisal)的父親。

5第納爾的正面是阿布都拉一世(Abdulla I)，20第納爾的正面是胡笙國王。50第納爾的正面是阿布都拉二世，也是當今的國王。

約旦郵票

佩特拉門票

約旦歷代國王(翻拍的明信片)

匯率

JD1大約= NT$ 42.33

約旦硬幣，1/2和1/4第納爾

約旦紙幣正面，幾位「阿拉伯大起義」的大人物

ATM及信用卡

約旦各大城鎮皆有ATM，可以金融卡或信用卡提款。機場也有ATM，可先領少數，到城市再比較匯率。一般ATM領款上限JD250，也可能因不同銀行而異。

大部分的商家都能接受Visa及Master Card等信用卡的付款。

退稅

外國遊客在約旦一次購買金額若超過JD 50，但是總金額不超過JD 500，則可持相關證件在機場或部分邊境關卡辦理退稅。

約旦退稅Logo

必須提供的證件包括貨品發票、護照和出境章的影印本，以及登機證等。可退的稅率是購買價的16%。

部分約旦商家為了爭取顧客上門，也提供「優先免稅服務」，通常店口會貼有「Premier Tax Free」的標誌。顧客先付全額物價(含稅)，之後店家隨即退還顧客16%的稅款。

時差

晚台灣6小時。夏令時間差5小時。

電壓與插座

約旦的電壓是220伏特，四方腳三叉插座。若無轉換用插頭，飯店櫃台通常備有多國用插頭，可以借來使用。

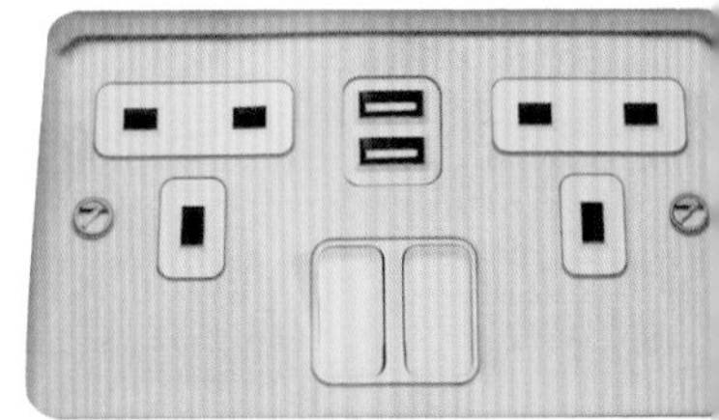
四方腳三叉插座

撥打電話

- 台灣打電話到約旦
  002+962+對方的電話號碼
  (區域/行動電話號碼前去0)
- 約旦打電話到台灣
  00+886+台灣的電話號碼
  (區域/行動電話號碼前去0)

旅遊注意事項

1. 在阿拉伯國家，週五、六是週休日，週日～四才是辦公時間。
2. 行李打包不要攜帶豬肉產品或有豬的飾物及相片，也不要有色情照片或光碟。
3. 觀光區廁所有人打掃，男女廁分開。請準備小額鈔票作為小費。
4. 飯店網路通常要買鐘點卡。一般免費Wi-Fi上網速度慢得驚人。因此，在訂房時要預先查明。
5. 若是去過以色列，出入境的證章如果蓋在護照本上，在進入阿拉伯國家時可能會被拒絕進入。

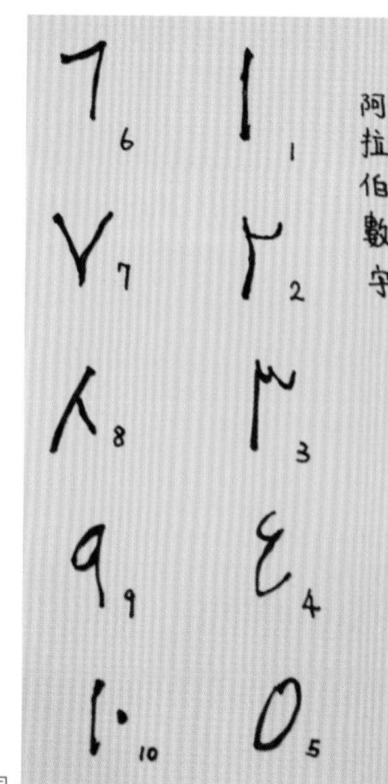

原來，阿拉伯數字和我們的阿拉伯數字，長的不同

常用會話

中文	英文	法文	阿拉伯語(摩洛哥)
你好(非正式問候)	Hi	Bonjour	La bes
回答：你好	Hi	Bonjour	bekheer
你好(正式問候)	Hello	Bonjour	Es salaam alaykum
回答：你好	Hello	Bonjour	selaam
對不起(借過)	Excuse me	Excusez- moi	Smeh leeya
謝謝	Thank you	Merci	shukran
回答：不客氣	You're welcome.	Je vous en prie.	La shukran'la webj
是/不	Yes/No	Oui/Non	Eeyeh/la
再見	Goodbye	Au revoir	bessalama
你好嗎？	How are you？	Ça va？	Keef halek？
好，謝謝	Fine，thank you.	Bien,merci.	Bekheer,lhamdoo llaah
什麼名字？	What's your name？	Votre nom？	Asmeetek？
___在哪裡？	Where is the …？	Où …？	Fayn …？
多少錢？	How much is it？	C'est combine？	Bshhal？
太貴了！	Too expensive！	Trop cher！	Ghalee bezzaf！
開(商店開張)	Open	Ouvert	mehlool
關(商店關門)	Closed	Fermé	masdood
救命！	Help！	Au secours！	'teqnee！
請停在這裡！	Stop here please！	Ici，S' il vous plaît！	Wqef henna'afak！
出口	Exit	Soitie	khrooj

沙漠國家探索之旅

摩洛哥・埃及・約旦

世界主題之旅110

作　　者　陳慧娟

總 編 輯　張芳玲
發想企劃　taiya 旅遊研究室
企劃編輯　張焙宜
主責編輯　張焙宜
封面設計　走路花工作室
美術設計　何仙玲
地圖繪製　涂巧琳

太雅出版社
TEL：(02)2882-0755　FAX：(02)2882-1500
E-MAIL：taiya@morningstar.com.tw
郵政信箱：台北市郵政 53-1291 號信箱
太雅網址：http://taiya.morningstar.com.tw
購書網址：http://www.morningstar.com.tw
讀者專線：(04)2359-5819 分機 230

出 版 者　太雅出版有限公司
台北市 11167 劍潭路 13 號 2 樓
行政院新聞局局版台業字第五〇〇四號

總經銷　知己圖書股份有限公司
106 台北市辛亥路一段 30 號 9 樓
TEL：(02)2367-2044 ／ 2367-2047　FAX：(02)2363-5741
407 台中市西屯區工業 30 路 1 號
TEL：(04)2359-5819　FAX：(04)2359-5493
E-mail：service@morningstar.com.tw
網路書店 http://www.morningstar.com.tw

郵政劃撥 15060393(知己圖書股份有限公司)

法律顧問　陳思成律師

印　　刷　上好印刷股份有限公司 TEL：(04)2315-0280
裝　　訂　大和精緻製訂股份有限公司 TEL：(04)2311-0221

初　　版　西元2018年3月10日
定　　價　420 元
ISBN 978-986-336-229-6
Published by TAIYA Publishing Co.,Ltd.
Printed in Taiwan
(本書如有破損或缺頁，退換書請寄至：台中市工業30路1號　太雅出版倉儲部收)

國家圖書館出版品預行編目 (CIP) 資料

沙漠國家探索之旅：摩洛哥 . 埃及 . 約旦 / 陳慧娟作 . -- 初版 . -- 臺北市：太雅，2018.03
　面；　公分 . -- (世界主題之旅；110)
ISBN 978-986-336-229-6(平裝)
1. 旅遊 2. 摩洛哥 3. 埃及 4. 約旦
767.39　　　　106024729

黏貼裝訂處(請勿使用釘書針)

(請沿此虛線壓摺)

這次購買的書名是：

沙漠國家探索之旅 摩洛哥・埃及・約旦 (世界主題之旅 110)

＊01 姓名：＿＿＿＿＿＿＿＿＿＿ 性別：□男 □女 生日：民國＿＿＿＿年

＊02 手機(或市話)：＿＿＿＿＿＿＿＿＿＿

＊03 E-Mail：＿＿＿＿＿＿＿＿＿＿

＊04 地址：□□□□□ ＿＿＿＿＿＿＿＿＿＿

＊05 你選購這本書的原因

1.＿＿＿＿＿＿ 2.＿＿＿＿＿＿ 3.＿＿＿＿＿＿

06 你是否已經帶著本書去旅行了？請分享你的使用心得。

很高興你選擇了太雅出版品，將資料填妥寄回或傳真，就能收到：1. 最新的太雅出版情報／2. 太雅講座消息／3. 晨星網路書店旅遊類電子報。

填問卷，抽好書 (限台灣本島)

凡填妥問卷(星號＊者必填)寄回、或完成「線上讀者情報上傳表單」的讀者，將能收到最新出版的電子報訊息，並有機會獲得太雅的精選套書！每單數月抽出 10 名幸運讀者，得獎名單將於該月 10 號公布於太雅部落格與太雅愛看書粉絲團。

參加活動需寄回函正本(恕傳真無效)。活動時間為即日起～2018／06／30

以下 3 組贈書隨機挑選 1 組

放眼設計系列2本 (隨機)

手工藝教學系列2本 (隨機)

黑色喜劇小說2本

填表日期：＿＿＿＿年＿＿＿＿月＿＿＿＿日

太雅出版部落格
taiya.morningstar.com.tw

太雅愛看書粉絲團
www.facebook.com/taiyafans

旅遊書王(太雅旅遊全書目)
goo.gl/m4B3Sy

線上讀者情報上傳表單
goo.gl/kLMn6g

黏貼裝釘處(請勿使用釘書針)

(請沿此虛線壓摺)

廣　告　回　信
台灣北區郵政管理局登記證
北台字第12896號
免　貼　郵　票

太雅出版社 編輯部收

台北郵政53-1291號信箱

電話：(02)2882-0755

傳真：(02)2882-1500

(若用傳真回覆，請先放大影印再傳真，謝謝！)

(請沿此虛線壓摺)

太雅部落格 http://taiya.morningstar.com.tw

有行動力的旅行，從太雅出版社開始